中社智库 国家智库报告 2020(38)
National Think Tank
中国非洲研究院文库·智库系列

"一带一路"携手非洲共同发展

杨宝荣 主编

THE BELT AND ROAD INITIATIVE JOINING HANDS
WITH AFRICA FOR COMMON DEVELOPMENT

中国社会科学出版社

图书在版编目(CIP)数据

"一带一路"携手非洲共同发展/杨宝荣主编.—北京:中国社会科学出版社,2020.10

(国家智库报告)

ISBN 978-7-5203-7430-9

Ⅰ.①—… Ⅱ.①杨… Ⅲ.①"一带一路"—国际合作—研究—中国、非洲 Ⅳ.①F125.54

中国版本图书馆 CIP 数据核字(2020)第 205018 号

出 版 人	赵剑英
项目统筹	王 茵
责任编辑	王 琪
责任校对	杨 林
责任印制	李寡寡

出　　版	中国社会科学出版社
社　　址	北京鼓楼西大街甲 158 号
邮　　编	100720
网　　址	http://www.csspw.cn
发 行 部	010-84083685
门 市 部	010-84029450
经　　销	新华书店及其他书店

印刷装订	北京君升印刷有限公司
版　　次	2020 年 10 月第 1 版
印　　次	2020 年 10 月第 1 次印刷
开　　本	787×1092　1/16
印　　张	11.75
插　　页	2
字　　数	120 千字
定　　价	69.00 元

凡购买中国社会科学出版社图书,如有质量问题请与本社营销中心联系调换
电话:010-84083683

版权所有　侵权必究

摘要:"一带一路"是新时代中国开展国际合作的重要倡议,旨在通过合作促进合作国家的共同发展。在中非合作论坛平台上通过"一带一路"倡议合作构建更加紧密的中非命运共同体是新时代中非合作的重要举措,是中非合作的升级版,也是中国探索更广泛范围内中国对外合作标准化经验的基础。从跨境铁路建设促进非洲统一大市场建设,到工业园建设提升非洲工业化水平延伸产业价值链;从水、电、路、港口建设改善非洲民生,到文化科技交流合作提升非洲本土竞争力,中国通过"一带一路"倡议促进非洲发展的合作是全方位的,也是成效显著的。正确看待非洲自身发展面临的问题,总结中国推动合作的经验,将有助于推动中非合作在"一带一路"倡议下更加健康发展。

关键词:中国;非洲;"一带一路";共同发展;项目经验

Abstract: The Belt and Road Initiative is an important initiative of China to carry out international cooperation in the new era, aiming at promoting the common development and a closer China-Africa community with a shared future. It is an upgraded model of China-Africa cooperation. It is the basis of China's experience in exploring the standardization of its foreign cooperation in a broader context. From the construction of cross-border railways to promote the formation of unified market, to the construction of industrial parks to upgrade the level of industrialization in Africa and extend the industrial value chain, from the construction of water, electricity, roads and ports improve the livelihood of African people, to the scientific and technological Knowledge sharing, china's cooperation in promoting Africa's development is comprehensive and has made remarkable achievements. A correct view of the problems facing Africa's own development and a summary of cooperation experience will be useful to China-Africa Sustainable development under the Belt and Road.

Key Words: China; Africa; the Belt and Road Initiative; common development; Projects experience

目　录

"一带一路"倡议在非洲合作的热点关注 ………（1）
 一　"一带一路"与非洲合作的地缘
   政治关注 …………………………………（1）
 二　"一带一路"面临的非洲安全形势
   变化和政策调整 ………………………（17）
 三　"一带一路"合作下的非洲债务
   风险关注 ………………………………（35）
 四　"一带一路"对非项目合作的
   法律关注 ………………………………（47）

"一带一路"倡议在非洲的项目合作经验 ………（64）
 一　亚吉铁路项目的效益与挑战 …………（64）
 二　蒙内铁路助推东非一体化的典范 ……（77）
 三　中乌辽沈工业园 …………………………（96）
 四　乌干达麦克雷雷大学孔子学院 ………（108）

五　苏丹港口建设 …………………………（121）
　　六　埃及新都建设 …………………………（134）
　　七　摩洛哥穆罕默德六世科技城 …………（146）

"一带一路"与中非合作论坛前景与展望 ……（163）

参考文献 ………………………………………（179）

"一带一路"倡议在非洲合作的热点关注

一 "一带一路"与非洲合作的地缘政治关注[*]

随着"一带一路"倡议不断推进和走向世界，拥有丰富资源和巨大市场潜力以及强劲基础设施建设需求的非洲国家正以饱满热情积极参与"一带一路"建设，并日渐成为"一带一路"倡议全球推进的重要参与主体。中国企业也成为非洲基础设施建设及工业化发展的重要参与者和建设者。据中国商务部统计，目前至少有百万以上中国人在非洲从事投资贸易、项目建设等经贸活动，有3500多家中资企业在非洲投资兴业。非洲的安全已经与"一带一路"建设、与中国投资及中国人的安全息息相关、密不可分。因此，要顺

---

[*] 本部分作者贺文萍，中国非洲研究院研究员。

利推进"一带一路"与非洲发展的对接，必须充分和全面了解非洲当前面临的地缘政治风险挑战。

（一）非洲地缘政治风险现状

尽管近年来非洲的政治和安全局势基本保持总体稳定的局面，但面临的安全挑战仍十分严峻，一些国家和地区仍存在冲突和动荡，恐怖活动的"不稳定之弧"更是暗流涌动并有不断扩展之势。总起来看，非洲地缘政治风险主要表现在三个方面，即政局动荡和政权更迭等带来的政治风险、恐怖活动带来的安全风险、大国在非洲竞争带来的外交及地缘战略风险。

第一，政局动荡和政权更迭等带来的政治风险。从政治局势看，北非国家自2011年末爆发了西亚北非动荡后，虽然突尼斯和埃及在经历了跌宕起伏的国内政治和社会转型后逐步走向稳定，但卡扎菲倒台后的利比亚则陷入了军阀混战、两个政府甚至出现代理人战争的内战局面。支持利比亚东部政权的武装组织"国民军"与控制西部的利比亚民族团结政府之间的武装对峙从2019年下半年开始日趋白热化。利比亚国民军领导人哈夫塔尔将军得到埃及、沙特阿拉伯、俄罗斯等国支持，而得到联合国承认的利比亚民族团结政府则得到土耳其、卡塔尔的支持，土耳其甚至派出军队直接参与利比亚民族团结政府的黎波里保卫战。

利比亚内战的升级及域外国家的卷入，不仅使该国自身的局势动荡短期内难以平复，而且也影响到整个北非甚至阿拉伯世界的稳定及经济建设，对"一带一路"在该地区的推进自然也带来负面影响。

除利比亚内战外，近年来北非及非洲之角地区还经历了阿尔及利亚和苏丹政局的动荡及长期执政的强势领导人被迫下台。2019年2月，执政长达20年并已罹患中风多年的阿尔及利亚总统布特弗利卡宣布参选总统，寻求自1999年他上台以来第五个总统任期。结果招致阿尔及利亚民众的强烈反对，民众连续6个星期在周五的主麻日（即星期五集体做礼拜的日子）上街游行抗议。在强大压力下，最后阿尔及利亚军队选择放弃对布特弗利卡的支持，公开要求总统立即下台。布特弗利卡在4月2日无奈被迫正式辞职。与阿尔及利亚几乎一样的故事脚本也很快在苏丹上演。在持续4个多月的民众抗议示威后，苏丹军方选择站在民众一边，于2019年4月11日逮捕了巴希尔并于2020年2月同意将其移交给海牙国际刑事法院接受审判。巴希尔长达30年对苏丹的统治也由此落幕。阿尔及利亚和苏丹的政局突变不仅在时间节点上具有延续性，而且在背景原因方面也具有相似性，如经济发展一蹶不振、通货膨胀与失业问题严重、民众走上街头持续抗议示威、统治层的立场和态度出现分化、军队倒戈不再支持原总统、总统下台平息民愤，等等。说到底，在"民主"与"民生"诉求的双重夹击下，这两个长期执政且年事已高的领导人最终被赶下了权力的宝座。

另外，"冷战"后非洲地区出现的动荡往往与选举纠纷有关。"因选而乱"或"逢选必乱"往往成为非洲政治发展的一种特定标签。如2019年尼日利亚原定于2月16日开始的总统和国民议会选举就因选举前两周内发生多起暴力事件而不得不推迟一周举行。塞内加尔2019年3月大选前的相关暴力事件共造成至少22人死亡，其中包括4名警察。①

总起来看，由于非洲国家数目众多，自20世纪80年代末"冷战"结束后纷纷开始多党民主化进程以来，经过近30年跌跌撞撞的摸索，仍未摆脱选举中的部族政治及地区政治色彩。因选举纠纷而引发的冲突表面多起源于竞选双方在得票率上的接近并互不相让，大选过程中出现的一些舞弊和不透明现象等，但深层的原因则是非洲民主发展的不成熟、"胜者全得"的政治心态以及传统部族政治和现代民主政治的异形嫁接。虽然近年来，非洲国家选举逐渐趋于平稳过渡，但部分国家选举仍伴随暴力冲突、选举舞弊指责、示威游行等不稳定因素，对驻东道国的中方在外人员造

---

① 参见《2019年非洲国家选举大盘点》，2019年3月30日，https://new.qq.com/omn/20190330/20190330A0FI9A.html。

成一定负面影响。

第二，恐怖活动带来的安全风险。从恐怖活动及反恐形势看，近年来非洲的反恐任务日益艰巨。索马里"青年党"（主要在索马里以及邻近的肯尼亚和乌干达等东非国家和非洲之角活动）、北非"伊斯兰马格里布基地组织"（该组织以非洲萨赫勒地区为大本营，恐怖活动范围过去主要涵盖阿尔及利亚、马里、毛里塔尼亚和尼日尔四国）和尼日利亚的"博科圣地"（该组织制造了包括 2011 年 8 月尼日利亚首都阿布贾联合国大楼爆炸案等在内的一系列自杀爆炸事件）这三大非洲伊斯兰激进组织已经从非洲的东北部、北部到西部形成了一个恐怖活动的"不稳定之弧"。而且据美国中央情报局和英国智库机构三军研究所发表的报告称，上述三大非洲伊斯兰激进组织已经开始合作，反"圣战"和反恐行动的焦点已经转移到了非洲。①

更有甚者，随着 2014 年 6 月以来"伊斯兰国"（IS）在叙利亚和伊拉克交界地带的"异军突起"以及近年来在伊拉克和叙利亚遭受到的打击和挫败，"伊斯兰国"开始把其精锐人员和恐怖活动大本营向非洲

---

① 《美国担忧非洲三大伊斯兰激进组织开始合作》，中国日报网，2011 年 9 月 16 日，http：//news. sina. com. cn/w/2011 - 09 - 16/080523164940. shtml；《英国一军事研究所发表报告，称"基地"组织非洲求重组》，中国广播网，2012 年 4 月 6 日，http：//china. cnr. cn/ygxw/201204/t20120406_ 509391329. shtml。

转移，以恐怖手段达到分裂诉求的恐怖活动"升级版"也开始在非洲得到呼应。如2014年8月，先是尼日利亚的"博科圣地"很快效仿，宣布在其盘踞的尼日利亚东北部建立其所谓的"伊斯兰国"。同年11月，攻占利比亚地中海海滨城市达尔纳的伊斯兰武装"阿布·萨利姆烈士旅"则宣誓效忠"伊斯兰国"领导人巴格达迪，直接加入这一远在1600公里之外的"哈里发国"。

如同"伊斯兰国"是诞生于伊拉克战争而成长于叙利亚内乱一样，非洲恐怖活动的"不稳定之弧"也是经由2011年的利比亚战争开始激活的。随着卡扎菲政权的崩塌，大批携带先进武器和拥有丰富实战经验的武装人员从利比亚流散到邻国阿尔及利亚以及马里、尼日尔和毛里塔尼亚等周边非洲国家。这些恐怖组织和极端势力还与这些国家原本就存在的反政府力量相结合，对相关非洲国家的国家政权和领土完整发起了挑战。如"基地"组织北非分支在进入马里北部后，就与该地区数十年来一直谋求"解放家园"和"独立"的图阿雷格族反政府武装联手，一度占据了马里的半壁江山。

近年来，"伊斯兰国"在伊拉克和叙利亚被打散后，不少都跑到了非洲，比如在利比亚、埃及西奈半岛等建立据点，甚至扩张到西非地区。西非萨赫勒地区近年来恐怖袭击事件频发,安全形势日益严峻。联合国秘书长西非和萨赫勒问题特别代表穆罕默德·钱巴斯 2019 年 1 月 10 日在向安理会陈述该报告时表示,西非和萨赫勒地区已成为近年来非洲反恐的一大焦点,其严峻的安全形势以及该地区应对极端组织"博科圣地"的威胁必须得到国际社会的支持。2015 年以来,马里境内的恐怖主义势力在国际反恐压力之下扩散至邻国布基纳法索和尼日尔。据统计,与"基地"组织有关联的数个极端组织在过去几年已造成布基纳法索超过 255 人死亡。仅 2019 年 10 月以来布基纳法索就发生了 3 起大的恐怖袭击事件,造成近百名平民死亡。该国北部和东部的频繁恐怖袭击已经使超过 50 万人流离失所。由于安全事件显著增多,在布基纳法索的 13 个地区中,7 个地区已宣布进入紧急状态。在尼日尔,尽管该国安全部队进行了大规模调集和部署,但西部和南部地区仍然面临安全挑战。[①]

恐怖袭击活动还导致社会和经济发展环境恶化,从而进一步培育了恐怖主义的土壤。如尼日利亚恐怖组织"博科圣地"近年来在乍得湖地区肆虐,恐怖袭

---

① 万宇:《西非和萨赫勒地区安全形势严峻》,《人民日报》2019 年 1 月 21 日,http://paper.people.com.cn/rmrb/html/2019-01/21/nw. D110000renmrb_20190121_3-16.htm;吕强:《西非和萨赫勒地区寻求破解安全困局》,《人民日报》2019 年 2 月 21 日,http://www.xinhuanet.com/world/2019-02/21/c_1210064260.htm。

击猖獗，导致学校停课，基本社会服务中断，投资计划中止，当地青年无法获得发展机会，这又进一步为恐怖主义滋生提供了温床。恐怖活动在非洲呈现的扩大和蔓延之势凸显了相关非洲国家和地区乃至整个非洲所面临的日益严峻的安全环境和反恐局势。中国常驻联合国代表刘结一大使在2014年12月19日联合国安理会召开的有关恐怖主义与跨国有组织犯罪问题会议上也指出，在历史和现实多重因素作用下，非洲部分地区政治、安全局势动荡，恐怖主义借机向非洲各国渗透，严重威胁地区和平安全稳定，制约非洲经济社会发展。非洲反恐工作是全球反恐努力的重要组成部分，要高度重视非洲在国际反恐斗争中的前沿地位。[①] 2019年7月，联合国秘书长古特雷斯也明确表示，非洲正日益成为全球应对恐怖主义和暴力极端主义的最前线。[②]

第三，大国在非洲竞争带来的外交及地缘战略风险。伴随着恐怖活动向非洲的蔓延和扩大，法国和美国等西方国家也加大了在非洲进行军事干预和军事存

---

① 刘结一：《要高度重视非洲在国际反恐斗争中前沿地位》，新华网，2014年12月20日，http://china.huanqiu.com/hot/2014-12/5267757.html。

② 杨琼：《联合国秘书长：非洲正成为全球反恐的最前线》，中央广电总台"国际在线"，http://news.cri.cn/20190711/506bd493-9e29-1e0c-b45d-a95120413162.html。

在的步伐。另外，随着近年来中非关系的发展突飞猛进，西方大国也不甘心其原有的"势力范围"和影响力就此丧失，开始重新审视非洲在其全球战略中的地缘政治价值，纷纷重返非洲和召开对非峰会。俗话说，瘦死的骆驼比马大。尽管近十年来西方大国在非洲的政治及经济影响力呈下降态势，但法国、美国在非洲的军事影响力仍高居各国首位，法国在非洲的军事基地最多，美国在非洲进行的军事培训和联合演练则十分频密。

一方面，西方大国借助其在非洲的军事存在及影响力，更加有恃无恐地强化对非洲事务的军事干预。而非洲国家在面临日益严峻的安全及反恐挑战形势下，虽有"非洲问题非洲解决"的丰满理想和雄心，却在骨感的现实面前不得不弯下腰来加强与西方国家的军事合作，甚至邀请西方国家来协助打击极端武装和反叛力量。非洲自身也面临"自主维和"与"外来干预"间的艰难权衡与博弈。如近年来法国积极"军事介入"非洲的动荡和危机地区，从2011年积极参与推翻利比亚卡扎菲、2013年直接介入马里内战和进驻中非共和国平息危机，到2014年8月启动"新月形沙丘"行动，派出4500名军人到西非地区协助萨赫勒五国集团打击极端武装和恐怖主义活动。和法国直接派兵的做法相比，美国则通过不断强化小型军事基地部署和激活"非洲司令部"来逐步加强美国在非洲的军事存在，更着眼于长远的战略谋篇和布局。迄今，美军已经在非洲各国建立起由十余个小型空军基地组成的情报网和快速反应基地，并向中非地区派遣百名特种部队协助乌干达打击反政府武装"圣灵抵抗军"，美军在吉布提的空军基地还多次启动战机在索马里境内发动对"伊斯兰青年党"武装的空袭。在2011年的利比亚战争中，虽然美国没有打头阵，但也为北约的军事轰炸提供了至关重要的情报、通信和军火供应。

另一方面，随着中非关系近年来的大跨步发展，大国在非洲的竞争日趋激烈，所谓"发展模式"之争也浮出水面。如美国近年来大肆炒作所谓的中国在非洲的"资源掠夺"和"中国威胁"，将中国的对非发展合作项目诬称为"债务陷阱"。特朗普政府在2018年末还推出了其非洲战略，直接点名要在非洲遏制中国和俄罗斯的影响力。美国国务卿蓬佩奥甚至明确说要让非洲国家从"中国模式"转到"美国模式"，让非洲复制美国的经济发展方式和政治模式。2019年6月美国还在莫桑比克召开"美非商业峰会"，宣布启动"繁荣非洲倡议"，力图把中国及俄罗斯在非洲的影响推回去。与此同时，俄罗斯也吹响了重返非洲的号角，力图在非洲加强存在。俄罗斯官方智库发布的

《俄重返非洲：战略与前景》报告曾明确提出，"俄必须立即着手恢复在非洲的地位，把非洲作为外交优先方向"。2019年10月俄罗斯在索契召开了首届俄罗斯与非洲国家峰会，重点讨论俄罗斯与非洲国家在经济和安全等领域的合作。普京认为，俄非贸易额在未来四五年内有望翻番，并决定今后要每三年召开一次俄非峰会。此外，2019年8月日本在横滨也举办了有40多个非洲国家领导人参加的第七届非洲发展国际会议，承诺在未来三年内向非洲提供总额约300亿美元的投资及贷款计划，还提出准备向非洲国家派金融专家帮助其解决债务问题，体现出与中国竞争的态势。

（二）非洲地缘政治风险中孕育的机遇

虽然上述三方面的非洲地缘政治风险十分严峻，但风险中也孕育着机遇。

首先，从非洲政治发展与地区安全局势看，毕竟和平、稳定与发展正在成为非洲各国的主流共识和共同追求，非洲国家的政治稳定性越来越高，政权自我修复能力也不断增强。如近年来埃塞俄比亚、津巴布韦等国政局都能在短暂的震荡后恢复稳定。前述阿尔及利亚和苏丹的强人政权结束也并未引起剧烈的政局动荡或军事冲突，基本属于较平稳的权力过渡。甚至一些长期存在的国家间及国内冲突也在朝好的方向发展。如不久前南苏丹冲突双方签署了和平协议并组成了新的权力分享和团结政府。2019年诺贝尔和平奖颁给了埃塞俄比亚年轻的总理阿比·艾哈迈德,原因是他缓和了埃塞俄比亚与厄立特里亚之间持续了20年的敌对关系,还积极调解苏丹局势等,为"非洲之角"的和平做出了贡献。阿比打败其他候选人(比如特朗普)获得诺贝尔和平奖,也反映了国际社会对2019年非洲和平安全成绩的肯定。

其次,非洲政治发展的韧性也不断增强。以前我们经常说非洲的选举是一选就乱,但是2019年举行大选的非洲国家基本都很平稳。特别是南非、尼日利亚、博茨瓦纳、莫桑比克等主要非洲国家顺利平稳地完成了大选,原在任领导人实现连任,确保了政权及政策的延续性,打破了以往"逢选必乱"的非洲政治魔咒。这也说明非洲政治进入了一个比较好的运行轨迹。非洲经济也继续保持稳中有升的状态,2019年经济增长率有望达到3.8%,高于过去四年2.6%的平均增速以及世界经济增长的平均水平。特别是《非洲大陆自贸区协议》在2019年正式生效,发展顺利的话,将成为全球最大自由贸易区,有望促成一个覆盖12亿人口、国内生产总值合计2.5万亿美元的大市场,可为非洲经济的可持续增长增添强有力的内生动力。更难得的是,《非洲大陆自贸区协议》的签署还是在当今国际上出现一些反全球化逆流以及贸易保护主义抬头的大背景下完成的，更凸显了非洲国家希望通过经济一体化进程以团结的力量迎接国际环境变化的挑战。

最后，大国在非洲竞争态势中的合作成分也初露端倪，有继续提升的空间。近一年来，中国与法国、德国等欧洲国家，与日本、韩国等亚洲经济发达国家，以及与沙特阿拉伯、阿联酋等中东富裕石油国家都在积极探讨"一带一路"建设中的第三方市场合作问题。其中，有的合作已经取得了实质性进展。毫无疑问，中欧、中日韩等在非洲的"一带一路"建设合作将有力地牵制美国煽动的所谓中美在非洲"治理模式之争"。另外，越来越多的非洲国家在主观意识上倾向于"向东看"，与东方国家加强关系（当然不只是中国，还有韩国、新加坡、马来西亚、印度尼西亚等），这客观上有助于中国团结其他东方国家，用"东方发展模式"与所谓的"中美模式"竞争展开博弈。

（三）应对非洲地缘政治风险的相关建议

首先，中国应进一步加强对非洲和平与安全问题的关注与支持。这样做基于以下几个因素：理由一，随着"一带一路"建设在非洲的开展，中国在非洲的投资及工作、生活在非洲的中国人都越来越多。非洲的和平安全已经与中国人及中国投资的安全息息相关、密不可分。理由二，中国作为世界上最大的发展中国家和联合国安理会五个常任理事国之一，关注和支持非洲的和平安全问题是责任所在、道义所在，具有天然的国际合法性基础，更是彰显中国负责任大国外交的最好舞台。理由三，促进非洲和平稳定、加强中非安全合作本就是近年来中非全方位合作中的一项重要内容。从2006年1月发布的《中国对非洲政策文件》直到2018年召开的中非合作论坛北京峰会，守望相助的中非安全合作已成为中非关系中的重要内容。然而，如果从中非安全合作的具体内容来看，目前除了多边层面上中国加强对联合国维和的人员参与和财政贡献，在中非双边层面的则主要是对非盟维和的资金支持以及与一些非洲国家的军事培训、装备支持等。未来，还应该在"软"的方面多做一些投入和贡献，比如非洲冲突的谈判安排、对一些冲突问题的路线图解决提出"中国智慧"方案、对非洲的和平安全问题派出更多的"和平特使"，等等。

其次，中非间应进一步加强治国理政的经验交流。非洲的政局动荡和"逢选必乱"魔咒大多与当权者解决不好"民生"问题以及治理能力不足有关。"民生"问题搞不好，"民主"问题也就自然变味，成了西方一些民主研究机构所认定的"假民主"或"夹生饭民主"。近年来，因汽油费或一块面包涨价所带来的政局动荡乃至政权更迭都雄辩地证明了"没有民生，便难有民主"的道理。当然，从目前情况来看，中非治国理政经验交流不是对非洲输出中国的社会主义政权模式，而是在如何加强执政党治国理政能力建设、如何加强干部的选拔与考核、如何把反腐败工作制度化等方面来分享经验。另外，还有如何减贫扶贫、如何解决城镇化发展过程中的就业和中小微企业的创业等"民生"交流、发展经验也是治国理政的题中应有之义。

最后，应加强中美非、中欧非等多边安全合作，用合作化解大国在非洲竞争所带来的外交及地缘战略风险。美国自特朗普执政以来，内阁成员多以对华鹰派人物为主，在"美国优先""让美国更伟大"的思想主导下，美国对外政策表现出更多的强权主义、单边主义色彩。与特朗普这样的商人出身、非建制派总统打交道，似乎有某种"你强他更强""你软他也软"的"吃软不吃硬"的味道。为确保中国在非洲的大量"一带一路"建设工程能够顺利完成并得到可持续发展，与美国"脱钩"、与欧洲搞僵关系当然于我不利。因此，建议要以柔克刚、通过"一带一路"的第三方市场合作来降低并化解风险。可以从农业方面的粮食安全、反恐方面的和平安全、非洲人力资源培训以及公务员队伍的能力建设培训等领域多方面开展合作。总之，没有和平安全保障的发展将是短命和脆弱的发展。帮助非洲创造一个和平安全的发展环境不仅有利于非洲和中国，更有利于世界和平的维护。

中非加强防务安全合作有利于提升非洲的整体维和能力，完全符合非洲利益。中国积极参与非洲的和平安全建设是非洲的需要和中国的意愿与能力的一种自然契合。帮助非洲提升安全能力有利于非洲投资环境的改善，有利于包括中国和美国在内的所有在非洲投资兴业的世界其他国家的利益，符合维护世界和平与安全的全球利益。即便从美国、欧盟的角度看，美国主导的全球反恐战也需要非洲快速反应部队的加速组建和配合。而从经济和财政贡献角度看，非盟目前超过90%的和平与安全行动任务完全依赖来自美国和欧盟等的财政支持。中国如今积极向非洲常备军和快速反应部队建设提供帮助，并且加大了对非盟维和的财政支持力度，这本身不仅是负责任大国的表现，而且客观上也可分担长期以来压在美国和欧盟肩上的财政担子。因此，西方媒体根本没理由对中非安全合作"揣着明白装糊涂"，并疑神疑鬼地从"冷战"思维出发来解读中国在吉布提设立军事后勤保障基地以及中非安全合作的其他安排。总之，帮助非洲提升安全能力应当是包括中国、美国以及广大非洲国家在内的国际社会的共同愿望，是一件符合非洲利益和全球利益的大好事。

二 "一带一路"面临的非洲安全形势变化和政策调整*

非洲是安全形势最为脆弱的大陆,国家间冲突、内战和武装冲突、恐怖主义等安全问题威胁非洲的和平与发展事业。非洲在2019年整体保持了稳定局面,但局部地区安全形势恶化,非洲的安全合作政策也随之发生调整。

(一)非洲安全形势总体平稳

非洲安全总体形势保持平稳,主要得益于非洲安全基本面出现了三个有利因素,即多数国家政权过渡平稳,中非和南苏丹分别签署国内和平协议,东非和大湖地区形势有所缓和。

第一,大国选举顺利巩固了地区安全机制。2019年有20多个非洲国家举行了总统或者司法选举,所有国家都顺利进行了政权交接。长期以来影响非洲安全的最重要因素是政权更迭,20世纪非洲军事冲突的主要目的是政权争夺,而21世纪的政权更替往往伴随着血腥的暴力活动甚至是武装冲突。2019年南非、尼日利亚、博茨瓦纳、莫桑比克等国家顺利举行总统大选,

---

* 本部分作者王洪一,中国非洲研究院副研究员。

大选前后保持了稳定局势。尤其值得关注的是，上述国家的执政党仍然保持了选举优势，国家领导人实现连任，有力地保证了非洲重要大国和地区重点国家的政治稳定。

无论是人口和经济规模，还是在整个非洲的地缘政治影响力，南非和尼日利亚都是非洲最重要的国家，两国的安全政策对整个非洲大陆发挥着举足轻重的作用。尼日利亚保持政权稳定，对于非洲反恐、打击海盗、打击有组织犯罪等安全政策的延续性都有积极意义，对于周边邻国安全合作的持续性也产生着积极影响。在2019年5月举行的就职仪式上，布哈里总统表示将重点解决极端武装组织"博科圣地"等恐怖主义组织，① 乍得湖和萨赫勒地区的两套安全合作机制能够稳定运转。南非是南部非洲发展共同体的稳定之锚，南非的安全稳定影响着16个成员国，同时，总统拉马福萨在刚果（金）、非洲之角、南苏丹问题上积极发挥作用，还广泛参与利比亚危机、非洲反恐、布隆迪危机等冲突解决机制。2019年5月拉马福萨就职总统，宣布将继续维护非洲的和平稳定以及经济发展，努力实现非盟《2063议程》。

第二，分别签署国内和平协议。中非共和国的战

---

① 《尼日利亚新总统宣誓就职》，http://news.cri.cn/gb/42071/2015/05/30/6891s4980087.htm，2020年1月20日。

乱问题已经持续了八年时间，冲突造成全国政治经济秩序的崩溃，武装割据致使大量难民涌入喀麦隆、乍得、苏丹等邻国，给周边国家造成严重的治安风险。2019年1月，中非共和国政府与14个武装组织在苏丹首都喀土穆重启和谈，2月6日各方在首都班吉签署了《和平与和解协议》，就成立包容性政府、权力分配和司法过渡、特赦武装人员等条款形成共识。受《和平与和解协议》的鼓舞，2019年有583名武装人员放下武器，东北部城市博桑戈阿（Bossangoa）的穆斯林难民开始回归。① 中非共和国各派签署和平协议，首先有利于2020年举行新一届总统大选，实现国际社会倡导的和平路线图。其次有利于缓解周边国家的安全压力，喀麦隆和乍得可以集中精力打击"博科圣地"，刚果（金）和南苏丹可以将更多精力用于解决国内反政府武装问题。

2019年12月，南苏丹总统基尔和主要反对派领导人马沙尔就组建过渡联合政府达成协议，双方在具体的部长职位分配、恢复国家区划、停止武装冲突的步骤等问题上形成一致意见，成功地确保了《亚的斯亚贝巴和平协议》的执行，避免了大规模武装冲突的再

---

① 《秘书长特别代表：刚果（金）显现积极态势 但仍需加强政府职能以应对挑战》，https：//news.un.org/zh/story/2019/10/1043301，2020年2月25日。

次爆发，流亡国外的难民有80万返回国内。① 南苏丹自2013年再次爆发内战以来，给本国和周边国家造成巨大的安全隐患。南苏丹内战形成了200多万难民和600多万饥民，成为非洲大陆产生难民最多的武装冲突。南苏丹问题还造成了周边国家的相互猜忌和关系紧张，致使东非经济共同体内部团结问题受到考验。2019年南苏丹问题的缓和，对于难民回归、控制武器走私、打击越境犯罪等治安问题产生了积极影响，周边国家的相互关系得以改善。

第三，东非和大湖地区形势有所缓和。在美国对刚果（金）实施制裁和周边国家施加压力的背景下，刚果（金）主要政治势力采取了积极措施，以包容性态度分配国家权力，终于度过了宪法危机。2019年1月，刚果（金）平稳地经历了选举后的政权交替，前总统卡比拉与现总统齐赛克迪在权力分配上形成了较为平顺的合作，双方协作对付其他反对势力，巩固了刚果（金）的政治稳定。同时，双方在争取国际支持方面加强合作，大大改善了刚果（金）的国际形象。得益于国内外政治局势的改善，刚果（金）政府军加大了对反政府武装的反击力度。2019年11月，"M23运动"创建人之一恩塔甘达以7项战争罪和3项危害

---

① 《联合国特别代表：南苏丹政治僵局开解　但前途仍充满挑战》，https：//news. un. org/zh/story/2020/03/1052071，2020年2月25日。

人类罪被国际刑事法院判处30年监禁，刚果（金）反政府武装的国际压力进一步增大。数十年来盘踞刚果（金）东部地区的各国叛乱武装虽然仍然构成地区安全威胁，但2019年各派系的活跃度下降。为了进一步巩固优势，政府军从2019年10月30日以来，加大了对武装团体民主同盟军的打击力度，占据了贝尼地区的大部分地区。2019年10月，联合国秘书长刚果（金）事务特别代表兼稳定特派团团长在安理会的报告会上对刚果（金）政治局势给予正面评价，称"刚果（金）政府组建之后正在走向可持续和平与稳定"①。联合国秘书长大湖地区事务特别代表夏煌则表示，大湖地区正迎来"机遇之窗"。②

东非安全形势的改善主要得益于埃塞俄比亚和厄立特里亚恢复正常关系。长期以来，埃厄关系的恶化，对东非之角的国家间冲突、索马里恐怖主义活动、南苏丹战乱都起到了推波助澜的作用，国际社会和地区国家经过长期努力，在2018年推动两国对话取得重大成果。2019年两国继续巩固互信基础，于12月正式互

---

① 《秘书长特别代表：刚果（金）显现积极态势 但仍需加强政府职能以应对挑战》，https://news.un.org/zh/story/2019/10/1043301，2020年2月25日。

② 《实现和平与共同繁荣 非洲大湖区国家的"机会之窗"有望到来——专访秘书长特使夏煌》，https://news.un.org/zh/story/2019/10/1043172，2020年2月25日。

设使馆。埃厄关系的改善，对整个非洲安全局势进一步稳定意义重大，埃塞俄比亚总理因此在 2019 年 10 月获得诺贝尔和平奖。联合国秘书长古特雷斯表示，"一股强劲的希望之风正在非洲之角吹动"①。

（二）局部地区安全形势恶化

虽然非洲总体政治局势趋于缓和，但利比亚军事冲突不断加剧，萨赫勒和东非地区的反恐形势更趋严峻，几内亚湾海盗问题突出，非洲局部热点问题不容忽视。

第一，利比亚军事冲突加剧。近年来利比亚军事冲突限制在小股部队战斗和恐怖袭击的规模，但在 2019 年进入了正规军大规模武装冲突的阶段。2019 年 1 月，利比亚民族团结政府发生内讧，三个副总理与总统萨拉杰爆发公开矛盾，占据国际首都机场的第七旅因为团结政府停发工资而发动国际机场战役，首都卫队的其他四支武装按兵不动，总统萨拉杰邀请米苏拉塔旅等地方武装前往首都支援，但米苏拉塔旅宣布和第七旅及"国民军"结盟。2 月，东部武装力量"国民军"出兵占领南部的赛普哈地区，控制了全国

---

① 《埃塞总理获诺贝尔和平奖 曾致力于解决与邻国的冲突》, http://www.chinanews.com/gj/2019/10-12/8976686.shtml, 2020 年 2 月 25 日。

176万平方公里中的173万平方公里,①并全部占领了利比亚最重要的产油区——沙拉拉油田。4月,"国民军"突然发起对首都的黎波里的军事行动,希望一举统一全国。7月,"国民军"在首都市中心的巷战中遭遇挫折,战线再次回到首都郊区。12月,土耳其总统向议会提交议案,计划出兵利比亚,"国民军"的攻势遭到遏制。

利比亚军事冲突贯穿整个2019年,首先给地区国家的军事安全形势带来巨大冲击。2019年1月"国民军"在赛普哈发动军事行动,和受雇于团结政府的图阿雷格及图布部落武装发生冲突,其中图阿雷格部族中的两支部落武装共3000多战斗人员返回尼日尔,与尼日尔政府军发生冲突后投降。由于尼日尔政府军在边境地区的战斗人员少于图阿雷格武装,导致该国北方的政府军一度面临极大压力。图布人的四支武装共1000多人则返回乍得,在恩内迪大区遭到法国驻军的空袭,乍得一度宣布北方三个大区进入紧急状态。其次,利比亚冲突导致周边国家的矛盾进一步加深。由于阿尔及利亚、埃及、乍得、尼日尔等周边国家与东部武装"国民军"有较密切的安全和经济合作关系,而摩洛哥和突尼斯等国家与团结政府合作较为密切,

---

① 参见 https://www.aljazeera.com/news/2019/04/saudis-gave-libya-haftar-millions-dollars-offensive-190412175708363.html。

因此北非和萨赫勒地区国家因为利比亚冲突而形成了一定隔阂。另外，俄罗斯、土耳其、意大利、法国、以色列等外部多个大国不同程度地介入利比亚军事冲突，使得该问题难以在地区框架内得以解决。①

第二，萨赫勒和东非反恐形势严峻。2019年萨赫勒地区反恐形势尤其严峻，恐怖主义活动在多国造成重大伤亡，相关国家出现影响严重的"反恐危机"。从影响范围上来看，恐怖主义组织已经在马里、布基纳法索和尼日尔形成了局部军事优势，政府军、国际反恐力量及地区反恐部队应对乏力，部分地区已经被恐怖主义组织占据。毛里塔尼亚、科特迪瓦、塞内加尔等周边国家的恐怖威胁不断增加，多哥、贝宁、几内亚等国也开始应对恐怖主义袭击的风险。从表现形式来看，恐怖主义活动的军事能力有提升的趋势，从"伊斯兰国"回归的武装人员以及利比亚回归的老战士加强了恐怖组织的战斗力量，在局部地区甚至可以压制联合国及地区反恐战斗人员。2019年联合国驻马里人员22名维和人员殉职，马里连续六年成为联合国工作人员最危险的国家。② 12月，法军在马里驻军的两架武装直升机在执行反恐任务过程中相撞，死亡13

---

① 《联合国特使呼吁其他国家不要染指利比亚》，https://news.un.org/zh/story/2020/01/1048671，2020年2月5日。
② 《2019年有28名联合国工作人员殉职》，http://news.cri.cn/20200331/45f7a7f6-82ed-6fce-8652-ba1ca5d335a2.html，2020年2月5日。

人。从组织形式来看，萨赫勒地区的反恐组织更趋碎片化，传统上的"基地"组织和"伊斯兰国"为名目众多的地方极端组织所取代，如在尼日尔发动对美军狙击行动并造成 4 名美军士兵死亡的恐怖主义组织实际上来自"博科圣地"分裂出来的一支恐怖主义武装，这支恐怖武装拥有 3000 多名战斗人员，其控制的地盘已经扩展到近 1 万平方公里，该组织名义上属于"伊斯兰马格里布基地组织"（AQMI），但只接受"基地"组织的资金支持，在政治、组织、战略上有自主权。

东非地区的反恐形势也有进一步恶化的趋势。首先，2019 年下半年，"索马里青年党"的袭击频次不断加强。12 月 7 日，"青年党"在肯尼亚东北部瓦吉尔县袭击一辆公共汽车，造成至少 10 人死亡，其中包括数名警察。12 月 26 日，"青年党"在肯尼亚—索马里边境的利博伊地区绑架了两名商人。"青年党"最近最大规模的袭击是 12 月 28 日在索马里摩加迪沙制造的一起汽车炸弹袭击，造成 79 人死亡。同时，"索马里青年党"的武器和战术有所提升。"青年党"的战斗人员文化素质较低，缺乏训练，在与肯尼亚政府军的战斗中很难占优势。但近期"青年党"发动的恐怖袭击计划更加周密，战斗技巧较为娴熟，在肯尼亚发动的袭击过程中自身伤亡率下降。另外，从"青年党"打击目标来看,近年来"青年党"在境外的袭击目标主要是人群密集的市场、商店、汽车站等,很少主动攻击军事基地。"青年党"在2019年至少袭击了三处军事基地。从袭击目的来看,"青年党"袭击军事基地的主要目的是抢夺基地的物资,但2019年"索马里青年党"袭击军事基地的目的变成驱逐索马里或者非盟维和部队的驻军,占领地盘。

第三,几内亚湾海盗问题突出。2019年几内亚海盗活动异常猖獗,给国际海运造成沉重打击。据国际海事局(IMB)商务办公室统计,几内亚湾海盗袭击次数占2019年全球海盗袭击数量的90%,船员被绑架人数占全球的80%,[①]目前有121名船员被绑架。由于几内亚湾国家政局长期动荡,内战和恐怖主义活动猖獗,各国军事开支侧重于陆军,海上防务力量薄弱,再加上贫困、高失业率、部族和地区发展不平衡问题叠加,整个几内亚沿海地区的海盗活动猖獗,毛里塔尼亚、塞内加尔、几内亚、几内亚比绍、塞拉利昂、利比里亚、科特迪瓦、贝宁、多哥、加纳、尼日利亚、喀麦隆、赤道几内亚、加蓬、圣多美和普林西比、刚果(布)、刚果(金)、安哥拉、纳米比亚等沿海地区

---

① Gard, "Gulf of Guinea-World's Most Dangerous Piracy Hotspot", http://www.gard.no/web/updates/content/28625788/gulf-of-guinea-worlds-most-dangerous-piracy-hotspot, 2020年2月20日。

都发生过海盗袭击。2019年11月，贝宁水域的一艘挪威货船遭到袭击，9名菲律宾船员被绑架；多哥水域一艘希腊邮轮被袭击，4名船员被绑架。12月，四艘船只在加蓬首都利伯维尔港口被袭击，1名加蓬船长被杀害，4名中国船员被绑架。

几内亚湾地区海盗袭击活动的严重性不仅仅表现在袭击数量的大规模上升，还表现在袭击方式的多样化上。以前海盗往往在公海袭击过往船只，但近期直接进入港口进行绑架抢劫活动，致使一些国际船运公司拒绝在几内亚湾国家港口停靠作业。同时，该地区海盗活动的一个新特点是信息情报工作更加准确，非洲多个国家出现了海关、边防、海防人员与海盗勾结的情况，导致过往船只的行动被海盗掌握。[①] 另外，几内亚湾海盗更倾向于劫持人质，袭击活动更加凶残。以往，几内亚湾海盗习惯扣押船只和抢劫物资，但目前贩卖物资的风险增加，因此海盗开始倾向于劫持船员来换取赎金。在绑架过程中，海盗更加凶残，滥用武力，造成更多的人员伤亡。

（三）非洲调整安全合作政策

西方在非洲的安全合作陷入困境，显现出其维和

---

① "West Africa Grapples with Piracy in Gulf of Guinea Hotspot", https://www.hellenicshippingnews.com/west-africa-grapples-with-piracy-in-gulf-of-guinea-hotspot/，2020年2月20日。

行动与非洲国家的政治、安全、外交战略目标的冲突，引发非洲国家加强自身维和能力的思考。

第一，西方反恐行动引发战略冲突。在非洲一贯重视自主发展问题的过程中，西方的参与无疑是引发非洲安全形势变化的重要因素。就当前看，主要体现在以下几个方面。

其一，西方的安全方针与非洲国家产生矛盾。目前，非洲地区国家普遍认识到社会和经济发展不足问题是军事冲突和恐怖主义盛行的主因，强调以经济手段来补充政治和军事上的维和手段。在2019年12月联合国安理会的报告中，非洲国家领导人多次强调经济发展在维护和平中的重要作用。但是，西方在非洲的维和及反恐行动的方针是通过政治权力分配来消除派系矛盾，因此措施上以民主手段促进和平框架的签署，军事上以保护各群体和部族的人权为支点。例如，法国"新月沙丘"行动的打击对象是主动挑衅法军的恐怖分子和拒绝谈判的地方武装，对于同意加入和平进程的反政府武装则网开一面。同时，受反恐方针的影响，法国"薮猫"驻军在西非的反恐行动中过于重视政治手段，不仅允许有独立倾向的反政府武装——阿扎瓦德运动协调组织（CMA）实际控制吉达尔地区（Kidal），还多次邀请CMA参与政治谈判，遭到马里政府的强烈抗议。2019年11月，法国在联合国维和特派团的外交代表希维甬宣称欢迎分离主义武装——阿扎瓦德解放运动（MNLA）召开大会，马里政府表示强烈反对并将其驱逐出境。

美国在刚果（金）及喀麦隆问题上也表现出一贯的人权大于主权的安全观念，受到非洲国家的抵制。从刚果（金）陷入宪政危机以后，美国宣布对时任总统小卡比拉及金沙萨市市长、国防部部长等人进行制裁，并试图激化接任总统齐赛克迪与小卡比拉的矛盾，对此非洲一些国家领导人明确表示反对。2019年9月在联合国安理会会议上，美国试图推动联合国讨论喀麦隆英语区与法语区冲突问题，遭到了南非和赤道几内亚的反对而没有得逞。[①] 美国还试图介入埃塞俄比亚反政府示威、莫桑比克北部恐怖活动等问题，都受到了非洲国家的抵制。

其二，西方的安全角色与非洲的矛盾。非洲国家一直在争取主导维和的发展方向，试图在维和行动中扮演主角，但西方国家在非洲的和平与安全事务中占据主体地位，妨碍地区国家反恐力量的发展和反恐能力的提升。法国自从武力介入西非反恐战争以来，一直在地区国家派驻重兵，目前在马里以双边协议为框

---

① "Although Great Strides Were Made in Solving Some Conflicts, Several Important Crises Were Not Even Tabled for Discussion", ISS, https://issafrica.org/iss-today/will-the-au-peace-and-security-council-do-better-in-2020, 2020年2月25日。

架保持4500名战斗人员，在乍得驻军1400人，在科特迪瓦驻军950人，在塞内加尔驻扎后勤和培训部队350人。法国国防部部长称，截至2019年4月，法国完成马里军事行动的七成。同时，在法国推动下，联合国安理会通过了向马里派驻维和部队的2100号决议，法国虽然不是主要派兵国，但占据了政治处、警务处、民事处、情报处等特派团的重要位置，掌控联合国维和行动的发展方向。由于法国军队在双边和联合国框架下的强势介入，成为地区反恐的作战主力，而萨赫勒地区国家（马里、尼日尔、布基纳法索、毛里塔尼亚、乍得）反恐联军——G5得到的国际关注不足。在2019年10月举行的达喀尔非洲和平与安全国际论坛上，总统指责国际社会仅兑现了协议允诺的和平资金的20%。另外，法国还积极介入G5反恐行动，通过大力支持乍得军队来左右G5的军事行动。2019年底以来，法国在西非的反恐行动引发强烈质疑。马里、尼日尔持续爆发反法游行。

自2007年开始，美国先后投入5亿美元，装备和训练了超过1.8万名非盟军队。在美国的支持下，由布隆迪、吉布提、埃塞俄比亚、肯尼亚和乌干达军队联合组成的非洲联盟驻索马里特派团，对"索马里青年党"进行打击。由于美国的军事行动掺杂过多的地缘政治因素，以军事行动配合政治行动的意图明显，因此在东非和大湖地区，一些非洲国家公开质疑美国扮演的维和及反恐角色，而且美国的军事行动招致地区反对势力的反击，美军在非洲的军事行动面临较多风险。因此，从特朗普上台以来，美国逐步减少了对非洲的反恐支持，并酝酿减少在非洲的驻军。美国从2006年以来在非洲陆续建立了军营、哨站、港口设施、补给站点等小型基地60多个，目前美军在非洲保留7000名作战人员，其中用于反恐的特种部队1200人，分布在35个非洲国家。但美军力量过于分散，其中有些基地只有不到100名战斗人员，如美军在索马里境内的驻军仅有101空降师40多人，容易遭到敌对势力的袭击。2019年6月，非洲司令部司令沃尔德浩泽宣布，美军已经开始撤离部分基地的战斗人员。

其三，西方的强势姿态引发非洲抗议。西方国家在非洲的和平与安全事务中延续了殖民时期强势控制非洲国家的历史传统，违背了非洲国家谋求政治、外交和经济独立自主的时代诉求，激发了非洲的反对情绪。法国与非洲多国签署秘密军事协议，在非洲反恐部门和军队中派驻顾问，参与制定反恐政策，指导反恐行动，西非国家政界和军界对此一直不满。同时，基于国内政治的需要，法国政府对西非的反恐行动中出现的问题一再推诿，对非洲国家横加指责，更加激发了非洲国家的不满。2019年12月，法国在马里驻军两架直升机相撞，法国媒体纷纷指责非洲国家缺乏协调行动，法国总统马克龙在采访中要求西非各国就法国驻军问题表明立场，并以命令的语气要求G5国家领导人出席2020年1月在法国召开的和平峰会。马里总统凯塔随后在接受TV5电视台采访时明确表示，G5国家希望得到法国的尊重，并表示非洲人民的反法情绪上升，非洲人民对当前法国军队的反恐成果越来越失去耐心。

美国在非洲的军事行动多在双边框架下进行，在非洲招致的批评更加突出。美国在刚果（金）问题上曾经得到肯尼亚、卢旺达、乌干达等国家的支持，但2019年美国对小卡比拉的敌视政策遭到周边国家的批评，一些政治人物要求美国撤出在大湖地区的军事人员。在打击"索马里伊斯兰青年党"问题上，美国对于索马里中间派持否定态度，与地区国家争取多数力量支持的态度不相契合，埃塞俄比亚等国家因此降低了与美国的安全合作层级。

第二，非洲国家的战略反思。作为安全问题最直接的受害者，非洲国家从未中止过反思外部干预带来的安全冲突问题。当前，非洲国家也希望能够尽快遏制安全风险和恐怖主义活动肆虐的浪潮，在国际安全合作战略上出现反思和调整的趋势。具体体现在以下几个方面。

其一，区别对待反政府和恐怖主义武装。地区国家认识到，以目前国际社会在非洲的维和行动反恐行动，无法彻底消灭反政府武装，也无法消除恐怖主义，政治和军事上的高压手段反而将民间武装推到反对派和恐怖主义组织的怀抱。因此，消除安全风险的首要任务应该是甄别打击的先后次序，分化吸收游离的民间武装及恐怖主义组织。在刚果（金）、索马里、毛里塔尼亚、塞内加尔、乍得、科特迪瓦等非核心战斗地区，政府军将很大精力用于拉拢地方宗族和宗教势力，收缴民间武器，对恐怖主义分子实施去极端化战略，安置前战斗人员，收到了较好的效果。

其二，以经济发展为消除反政府武装和恐怖主义的驱动力。反政府组织和恐怖主义肆虐的地区，普遍存在高失业率和民生困难的情况，自然灾害和粮荒频发，不同社会群体以武力争夺生存资源，使得反政府武装和恐怖主义组织乘虚而入。多年的形势动荡和武装冲突导致社会组织瘫痪，政府甚至难以对这些地区进行社会救济。为了与反政府武装和恐怖主义组织争夺民心和兵员，非洲各国政府都制订了在动荡地区恢复社会秩序和组织经济生产的计划。

其三，希望国际社会减少对地区安全事务的误导。西方武力介入非洲各地区的安全事务，固然利于地区局势的相对稳定，但也牵制了地区解决方案的实施。

首先,西方军事和人道主义组织的投入,占用了地区的有限资源,不利于地区方案的实施。例如,西方在机场使用、物资采购等方面占据优势,使政府反恐武装获得的资源更加匮乏。其次,西方的介入扩大了本就存在的地区国家和政治势力之间的矛盾,亲西方和反西方的态度使得肯尼亚、埃塞俄比亚、南苏丹、尼日尔、马里、布基纳法索等国家的政治势力更加对立。另外,目前反政府武装和恐怖主义组织活跃地区,往往是西方殖民者曾经介入非洲的路线,非洲基层民众往往联想起殖民征服的历程。因此,在2019年非洲安全研究的成果中,一些非洲政治人物甚至提出让联合国维和特派团撤出非洲,一些智库则提出与西方截然不同的安全理念。例如,非洲安全研究所的年度报告中就提出,"几内亚湾应该采取向东看的战略来解决海盗问题"[1]。

其四,加强地区安全合作力量。非洲各国政府最不希望看到的结果是,虽然赢得了内战和反恐战争,但西方在非洲的驻军越来越强大,而本国军事力量则越来越脆弱,最终导致国家主权受到西方控制。因此,各国希望以自己的力量进行维和行动和反恐战争。非

---

[1] "Why Has Piracy Off Somalia's Coast Plummeted While in West Africa Pirates Remain Undefeated?", https://issafrica.org/iss-today/gulf-of-guinea-must-look-east-to-solve-its-pirate-problem,2020年2月20日。

洲各国认为自己并不缺乏军队，主要问题是军队训练不足、后勤薄弱和战术落后。因此，非洲各国的反恐战略中，对外部军事力量直接作战持谨慎态度，但对国际社会提供的军事训练持欢迎态度，尤其呼吁国际社会提供资金、后勤和武器支持。

三 "一带一路"合作下的非洲债务风险关注[*]

负债发展是多数发展中国家都必须面对的问题。作为发展中国家最集中的大陆，非洲很多国家基础设施严重滞后，非洲国家依靠自身财政难以解决基础设施建设投入问题，而长期同西方国家的合作中该问题得不到重视，市场资本并不愿意参与这种投资周期长收益差的行业。这严重制约了非洲自身发展潜力的释放，限制了其社会经济发展。历史地看，非洲债务的产生是自身发展的需要，而债务形势的加重则是国际融资条件变化所致。融资带动基础设施合作并进而促进相关产业的发展是中国对非合作的重要理念。但在此过程中，西方关于中国对非合作导致非洲债务负担沉重的舆论不断。正确认识非洲债务历史和形势是深化中非合作的重要基础。

---

[*] 本部分作者张春宇，中国非洲研究院助理研究员。

(一) 当前非洲债务风险形势

一些非洲国家面临较大的债务压力，债务风险不容忽视。20世纪90年代到2006年，非洲外债总额一直保持在3000亿美元左右，之后快速累积，2018年外债总额达7740亿美元。2006年之前，非洲外债负债率呈下降趋势，主要得益于20世纪90年代后经济的较快发展，以及国际货币基金组织和世界银行实施的重债穷国计划。2006—2014年，非洲国家外债负债率相对稳定，2014年起明显上升，2018年达33.14%，大部分国家的负债率都超过了20%的国际警戒线。值得注意的是，2006年后，非洲长期外债占总外债的比例下降，短期债务占比上升，中短期债务水平提高，偿债期限变短，债务风险加大。

目前，很多非洲国家的偿债压力较大，一些国家的外债利率增速高于经济增速。赤道几内亚的外债利率比名义经济增速高28%；乍得、南苏丹、刚果（布）、冈比亚的外债利率比名义经济增速都高20%以上；刚果（金）、莫桑比克、乌干达、塞舌尔、马拉维、卢旺达、马达加斯加、苏丹、布隆迪、利比亚、圣多美和普林西比的外债利率比名义经济增速高10%以上；尼日利亚、佛得角、安哥拉、塞拉利昂、喀麦隆、多哥、中非、南非、津巴布韦的外债利率比名义经济增速高出了3%—6%。很多国家的利息支出占财政收入比例较高。据国际货币基金组织数据，截至2019年9月，非洲有8个国家已处于债务困境，11个国家处于较高债务风险中。①

近年来，非洲国家降低了多边金融机构贷款比例，显著增加了商业贷款融资比例。据世界银行数据，2017年非洲多边债务占总债务之比为34%，比2010年下降了10%。2018年，商业贷款占撒哈拉以南非洲总债务的41%。② 国际金融机构发放贷款时通常有严苛的条件，而私营部门的贷款通常不设置苛刻的条件，尤其不会设置干预非洲国家政府政策的相关条件。一旦非洲国家陷入债务困境，国际金融机构通常会选择与非洲国家谈判并继续发放贷款，也会给予各种形式的援助和救助，但私营部门只会采用更为市场化的方式处理。因此，非洲国家的债务可持续性问题比以前更加严峻。

（二）"中国债务陷阱论"甚嚣尘上

进入2018年，国际社会上出现了"中国债务陷阱论"，指责中国对非洲国家提供的大量资金加重了债务

---

① 参见 https：//www.imf.org/external/pubs/ft/dsa/dsalist.pdf。
② 参见 World Bank, *International Debt Statistics 2020*, World Bank Group, 2019, p. 10。

风险。该论调最早可追溯至 2017 年印度学者布拉玛·切拉尼（Brahma Chellaney）发表的《中国的债务陷阱外交》一文，该文称：中国通过"一带一路"倡议，向具有战略意义的发展中国家提供巨额贷款，导致这些国家陷入中国的债务陷阱。同年 12 月，他又发表了《中国的债务帝国主义》一文，以斯里兰卡把汉班托塔港租借给中国 99 年为例，将中国的"债务外交"与历史上欧洲帝国主义的"枪炮外交"相提并论，认为"中国正在用主权债务让受援国屈服，使之既失去自然资源，也失去主权"[①]。之后，部分西方国家对此论调大肆炒作，给中国的国家形象造成了负面影响。

总结起来，"中国债务陷阱论"主要有以下五类代表性的表述。第一类表述是，中国对非洲国家提供贷款的标准低，同时在利率方面实施一系列的优惠，诱使非洲国家放弃西方国家或国际金融机构的资金，更倾向于向中国贷款，导致债务规模快速上升。第二类表述是，中国对非洲国家提供的资金不透明，助长了非洲国家政府的腐败。第三类表述是，中国提供的资金并没有促进非洲国家的长期发展，没有显著促进生产力水平的提高。同时，中国在非洲经营的企业经常

---

① 王秋彬：《一带一路"债务陷阱论"实质是制造舆论陷阱》，中国社会科学网，2019 年 2 月 14 日，http：//www.cssn.cn/gjgxx/gj_bwsf/201902/t20190214_4825750.shtml? tdsourcetag = s_pcqq_aiomsg。

无法满足东道国雇用本地劳动力数量的要求，对缓解就业压力的贡献不足，且经常引发劳资纠纷。第四类表述是，中国对非洲国家提供大量资金，具有特定的政治目的和战略目的，因此不具有商业稳定性；一旦中国的目的无法达成，可能在短期内出现资本撤离，这就会对非洲国家的经济稳定和债务稳定带来冲击。这种观点反映出近期部分非洲国家的主要担忧，即担心中国会突然大幅减少对非洲的投资水平和融资帮助。第五类表述是，中国通过"一带一路"建设中的项目实施，给予包括非洲国家在内的发展中国家大量优惠贷款，显著增加了这些国家的债务负担，从而将其拖入债务泥潭，而非洲国家的经济结构尤为脆弱，更容易陷入债务泥潭，中国借此实现控制非洲国家的长远战略目的。上述五种表述中，前两种表述是自中国与非洲国家经贸合作密切以来，部分西方国家和媒体长期持有的论调，属老生常谈。相比之下，后三种表述则对应了中国在非洲国家债务问题上面临的长短期风险，并将其引申到非经济范畴，值得高度重视。

（三）中非合作并非导致非洲国家债务风险的主因

梳理非洲债务问题的形成和发展历史，可以清晰地说明"中国债务陷阱论"是站不住脚的。

首先，从非洲国家债务累积的原因来看，来自中国的贷款并非重要原因。非洲国家债务累积一方面是历史原因导致的，20世纪70年代第二次石油危机中，国际原油价格上涨、原材料价格下跌，导致非洲国家出口低迷、进口成本提升，贸易条件的恶化导致了国际收支的失衡，很多非洲国家出现财政危机。20世纪70年代到90年代末，非洲国家军事政变、战乱、内部冲突频仍，军费和战争支出催生了大笔外债，同时也导致经济社会发展停滞甚至倒退，非洲国家偿债能力进一步减弱。另一方面，非洲国家债务累积是近年来全球宏观经济条件变化所导致的。从全球产业链来看，目前非洲仍处于产业链低端，多数非洲国家产业结构单一，出口产品多为原材料，出口收入有限，经济增长严重依赖国际市场，对国际市场变动的反应极其灵敏和快速。2008年国际金融危机带来了全球大宗商品价格下跌，如原油价格从2014年最高的147美元/桶一路下跌到最低的36美元/桶，长期在低位徘徊，给非洲国家经济发展和财政收入带来了巨大压力。如在安哥拉，2002—2010年石油产业拉动经济年增长率达12%，通胀率也由2003年的76.6%降至14%。国际油价大跌后，安哥拉经济增速明显放缓，2011—2017年年均经济增长率仅为3.27%。① 为寻求资金刺激经济发展，非洲国家大量举借外债。同时，伴随着经济下滑，非洲

---

① 数据来源：世界银行数据库，https://data.worldbank.org.cn。

国家的税收随之减少，财政收入的减少削弱了偿债能力。近年来美元不断走强，多数非洲国家货币出现不同幅度的贬值，进一步加重了非洲国家的债务负担。

其次，从当前非洲国家债务的来源看，来自中国的贷款比例并不高。目前，非洲国家债务主要来自商业银行贷款和国际债券发行。撒哈拉以南非洲国家36%的外债来自国际货币基金组织和世界银行等国际组织，38%的外债来自国际商业银行，26%的外债来自其他国家政府，[①] 中国作为其他国家政府之一，贷款比例有限。[②] 近年来，中国对非洲国家的贷款有所增加，但在非洲当年的债务余额中占比仍然很低，2011年之前一直未超过2%，2016年达到历史最高的5%。2016年，中国对非洲国家的贷款大幅增加，主要原因是2015年中非合作论坛中国承诺对非洲提供总额600亿美元的资金支持，但这只造成了短期贷款增加，2017年中国对非洲国家贷款回落至110亿美元左右。[③]

---

① 赵磊：《非洲债务危机，根在美元"剪羊毛"》，《环球时报》2018年7月23日。

② World Bank, "Africa's Pulse, An Analysis of Issues Shaping Africa's Economic Future", April 2018, Volume 17, http：//www.worldbank.org/content/dam/Worldbank/document/Africa/Report/Africas-Pulse-brochure_Vol9.pdf.

③ 刘青建：《中国在非洲真的在进行资源掠夺吗？》，中国经济网，2018年5月28日，http：//www.ce.cn/macro/more/201805/28/t20180528_29257385.shtml。

从国际债券发行来看，近年来，由于国际债券发行条件有利，投资者需求高且稳定，非洲国家非常依赖发行债券。2007—2016年，非洲国家发行了大量主权债券，债券在公共债务总额中的占比从9%提高到19%。2017年，部分非洲国家又发行了75亿美元主权债券，2018年第1季度，肯尼亚发行了10年期和30年期债券各10亿美元，票面利率分别为7.25%和8.25%；尼日利亚共发行了12年期债券25亿美元，票面利率为7.1%。在一些非洲国家中，欧洲债券在总公共债务存量中占比较高，如截至2016年，加蓬的欧洲债务占公共债务存量的比例达48%，纳米比亚为32%。综上可知，来自中国的债务只占非洲国家债务较小的比例。

最后，中非经贸合作有助于提升非洲国家的经济发展水平，增强经济实力，切实减少债务需求，提高偿债能力。非洲国家均为发展中国家，经济增长、基础设施建设需要大量资金支持，能够取得足够的、价格合理的资金极为关键，中国对非洲提供的大量资金是支持非洲国家发展的直接力量。近年来，中国经济与非洲经济之间呈现了明显的正相关关系，显示出中国已经成为非洲经济发展重要的外部动力。多年来，来自中国的投资显著拉动了非洲经济增长，这既是中方学者的观点，也是非洲各界的主流观点，同样也得到了国际社会的广泛认可。

(四) 采取积极措施，应对债务风险

中国并非非洲国家债务的主要来源，但这并不意味着非洲国家和中国不需要对潜在的债务风险保持警惕和忧虑。从短期看，一些非洲国家担心中国会突然减少资金输入。历史上，一些中东欧国家和拉美国家都曾因为外资流入的突然减少而爆发债务危机和经济危机，非洲国家目睹了阿根廷等国资本外逃带来的毁灭性灾难，也担忧这种现象复制在非洲大陆。随着全球经济和中国经济增长放缓，国际大宗商品价格持续下跌，再加上近年来非洲自然条件的恶化，非洲国家的出口和经济增长受到负面冲击。这种情况下，许多非洲国家担心中国会因为经济下行等因素，短期内大规模减少对非投资和信贷，进而触发债务危机。从长期看，中国与非洲国家仍有较大的合作潜力，但这种潜力有赖于非洲国家的长期增长潜力的兑现以及投资项目本身的持续盈利。目前，中国在非洲的直接投资主要围绕自然资源开发和基础设施建设展开，相对而言，在制造业和金融业等领域的合作较少。一方面，自然资源大多附着一定的主权性，这容易使中国政府和企业成为西方国家和非洲东道国内不同利益集团攻击的对象。另一方面，基础设施建设有资金需求大、投资期限长、投资回报慢等特点。如果相关国家的长

期经济增速不能达到预期水平，或者投资项目仅停留在建设层面，基础设施等工程项目的长期投资成本就有可能大于收益，中国相关企业和部门会因此遭受财务损失。

中国在非洲有较多规模较大的项目，这些项目对于提升东道国经济社会发展内生动力、强化中非关系起到了积极作用，但考察这些项目的经营情况，可以发现部分项目存在一定的经营风险，如果经营不善，则将对这些项目来自中国的贷款偿还产生影响。对于这些项目，我们绝不能讳疾忌医，要贯彻中央精神，提前研究，及时预警，妥善解决，以保证项目的可持续性。

为有效防范和化解潜在的非洲国家债务风险，中国可以采取以下应对措施。

第一，针对一些对中国增加非洲国家债务的不实指责，需要做出反驳，需要强化舆论引导，组织专家学者积极发声，让受众全面、客观、正确地看待这一问题。另外，要通过舆论引导，稳定非洲国家对中国资金的预期；明确表达中国对非洲发展前景的长期信心以及对非洲国家债务问题的关切，确保中非合作的长期可持续。

第二，要密切监控非洲国家债务风险。中国已成为非洲国家的最大融资方之一，且肩负有大国责任，无论从中国自身利益角度出发，还是从非洲国家利益角度出发，抑或从国际经济、社会发展的角度出发，都必须密切关注非洲国家债务的可持续性。要密切监控非洲国家的债务风险，构建债务风险预警体系。从债务增速、债务结构、债务相对规模、经济增长动能和国际收支等方面，构建测度非洲国家债务风险的指标体系，及时有效地监控非洲国家债务风险的变化情况并提前预警。

第三，要摸清中国在非洲贷款项目的家底。全面了解国内金融机构在非洲国家贷款项目的规模和项目收益情况，并对未来项目的进展和贷款的可偿性进行分析和判断。统筹规划对非洲提供的融资规模，提高融资效率，优化投资结构，避免过度投资。要不断优化现有的债权结构。要适度减少大型工程类、基建类项目投资，适度增加与制造业相关的对非洲国家债权规模。对债务风险较高的国家要尤其谨慎推进大型项目融资。

第四，要积极开展国际合作，主动与世界银行、国际货币基金组织、非洲开发银行等相关国际和地区多边金融机构合作，联合对非洲国家项目开展融资贷款，增强中国对非洲提供资金的国际认知度和接受度。同时，增加开发银行、亚洲基础设施投资银行等中国重点参与的国际金融组织对非洲提供资金的规模和比例，适度提高对非洲国家贷款的标准，增强贷款透明度。

第五，要尝试扩大人民币使用范围，建立人民币回流机制。建立专业化的融资平台，为非洲国家发行人民币计价的政府债券和企业债券提供融资服务。鼓励非洲国家政府和企业用人民币进行贸易结算，并支付来自中国的商品和服务。

第六，要建立非洲债务可持续性分析框架。部分西方国家和媒体之所以能不断对中国发起"债务陷阱论"的攻击，一个重要原因是现有的债务分析框架是由西方国家主导制定的。目前关于世界各国债务状况的评估是以国际货币基金组织的"低收入国家债务可持续分析框架"为基础的，这一分析框架在指标选取及评判标准上掺杂了很多西方国家政治、金融制度和文化价值观。国际货币基金组织选择以经济合作与发展组织不同币种的商业参考利率（CRIR）为贴现率，但中国采用的是人民币债券市场七年期以上的政策性银行债券利率为贴现率，高于 CRIR，导致中国混合贷款按照国际货币基金组织的标准可能被认定为"非优惠"贷款等。评估工具的受制于人让一些国家很容易通过操纵评估结果来对中国发起舆论攻击。只有建立自己的非洲债务评估体系才能使中国从被动局面中脱离出来。2019 年，中国财政部出台了《"一带一路"

债务可持续性分析框架》，为中国进行国际债务评估拉开了序幕，但该分析框架对非洲国家的针对性不强，建立非洲债务可持续性分析框架可以帮助我们更好地监测非洲国家的债务状况，及时调整对非贷款和援助流向，对未来在非洲贷款的优惠额度、合作方式，以及非洲国家陷入债务困境后的应对策略选择等方面都有相应的参考依据。

四 "一带一路"对非项目合作的法律关注*

2000年中非合作论坛设立以来，中非双边经贸关系发展迅速。自2009年以来，中国已连续10年成为非洲最大的贸易伙伴。在投资领域，截至2018年底，中国在非洲设立的各类企业超过了3700家，对非全行业直接投资存量超过460亿美元。非洲已成为中国重要的投资目的地、第二大海外工程承包市场和第二大海外劳务市场。在2018年中非合作论坛北京峰会开幕式的主旨演讲中，习近平主席明确提出，要推动"一带一路"建设与非洲各国发展战略相互对接，共筑更加紧密的中非命运共同体。为此，他提出中国要在未来三年和今后一段时间，同非洲国家密切配合，

---

* 本部分作者朱伟东，中国非洲研究院研究员。

重点实施"八大行动"。"八大行动"涵盖的范围包括产业促进、设施联通、贸易便利、绿色发展、能力建设、健康卫生、人文交流、和平与安全八个方面。"八大行动"的实施会为中非经贸关系发展带来又一次难得的历史机遇。随着中非投资、贸易的发展以及中非人文交流的进一步加强，中非之间必然会出现大量的法律问题，需要及时做出应对。本部分将首先分析中非之间的法律问题，其次将考察中非之间法制合作的现状，最后在此基础上提出应对中非法律问题的一些建议。

（一）中非经贸合作中的主要法律问题分析

本部分将结合中国法院受理的涉及非洲当事人的案件以及非洲法院受理的涉及中国当事人的案件，对中非之间产生的现实法律问题进行实证分析，以揭示中非之间现实法律问题的类型，阐明中非开展双边法制合作的重要性，也为中非双边法制合作的重点领域指明方向。

随着"一带一路"倡议在非洲的推进，"八大行动"在非洲的逐步落实，中非之间的关系日益密切，非洲来华人口数猛增，他们在中国所涉及的法律问题也随之而来。从时间上来看，近10年来，非洲移民人数和入境人数开始出现增长趋势，非洲国家公民在中国境内进行的违法犯罪活动以及他们在正常的经济往来和生产生活中所遇到的民事方面的法律问题也逐步增加。从国家和区域分布上来看,中国法院受理的涉及非洲国家当事人的案件主要集中在尼日利亚、埃及、南非和刚果(金)等与中国经济往来较为密切的国家。通过对涉及上述非洲国家案件的分析,可以看出中国法院受理的涉及非洲国家当事人的民事、刑事案件具有如下两个显著特点:一是案件地域分布集中。中国法院受理的涉及非洲国家当事人的案件主要分布于经济较为发达的大城市,以广州最为集中,浙江省义乌市和金华市也是案件高发区。刑事案件主要集中在北京、广州、浙江等地,上海、天津、江西、湖南次之。二是案件类型表现集中。中国法院受理的涉及非洲国家当事人的民事案件主要集中在买卖合同纠纷、借贷和民间借贷纠纷以及无因管理和不当得利案件。其次是婚姻家庭纠纷。在婚姻家庭纠纷中,绝大部分都是离婚案件。刑事案件主要集中在毒品犯罪、走私珍贵动物及珍贵动物制品罪、合同诈骗罪、假冒注册商标犯罪等。①

非洲国家法院受理的涉及中国当事人的民商事案件类型十分广泛,通过分析,主要包括以下几类:合

---

① 朱伟东、王琼、王婷:《中非双边法制合作》,中国社会科学出版社2019年版,第10—20页。

同纠纷,信用证、保函纠纷,海事纠纷,侵权纠纷,婚姻家庭纠纷。另外,非洲国家法院还受理过很多涉及中国人的刑事案件。就在非中资企业而言,它们遇到的法律问题主要包括劳资关系法律问题、环保法律问题和税收法律问题。在非洲国家调研时,中资企业反映的下列问题也较为普遍:一是非洲国家政府频繁改变,政策缺乏确定性与可预见性;二是非洲国家新政府上台时,往往会对外资实行收紧政策,对外资施加过多限制,或不认可、不遵守中资企业与上一届政府签订的合同;三是非洲国家一些政府部门不遵守协议、相互扯皮推诿现象严重;四是在工程承包方面,特别是在商业项目方面,非洲国家政府延迟支付工程款现象突出。对于一些援建项目,在项目完成后,非洲国家政府还存在迟迟不接收的现象等。①

从上面对中国法院受理的涉及非洲国家当事人的案件以及非洲国家法院受理的涉及中国当事人的案件来看,随着中非经贸关系的发展,中非之间发生的各类案件日益增加。这些案件类型多样,既有民商事案件、刑事案件,也有涉及税收、环保、劳资关系的案件,而且这些案件递增趋势非常明显。这些案件如果

---

① 朱伟东、王琼、王婷:《中非双边法制合作》,中国社会科学出版社 2019 年版,第 22—27 页;朱伟东:《中非产能合作应注意哪些法律问题》,《人民论坛》2018 年第 5 期。

不能得到妥善解决，会影响中非经贸关系的进一步发展。而这些案件的解决，首先需要有健全的法律制度框架，如跨境民商事、刑事案件的解决需要有相应的民商事、刑事司法协助条约，税收争议、环保争议以及其他类型的投资争议的解决需要有相应的避免双重征税条约、双边投资保护条约等。

（二）中非双边法制现状考察

虽然每届中非合作论坛会议通过的行动计划都提到中非之间应加强签署并落实投资和司法协助方面的双边条约，推动中非之间在立法、司法和执法领域的合作，但与中非经贸、投资和人文交流的发展相比，中非目前的双边法制建设还稍显滞后，还不能为中非双边交流与合作提供切实有效的法律保障。

例如，在投资领域，自1989年中国与非洲国家加纳签订第一个双边投资保护协定以来，迄今中国仅同34个非洲国家签署了此类协定。但在这34个投资保护协定中，生效的仅有18个。[1] 目前，中国投资已遍布

---

[1] 这18个生效的双边投资保护条约是中国同下列非洲国家签订的：加纳、埃及、摩洛哥、毛里求斯、津巴布韦、阿尔及利亚、加蓬、尼日利亚、苏丹、南非、佛得角、埃塞俄比亚、突尼斯、赤道几内亚、马达加斯加、马里、坦桑尼亚和刚果（布）。根据商务部条法司网站上的信息整理，参见 http：//tfs.mofcom.gov.cn/article/Nocategory/201111/20111107819474.shtml，2017年12月11日。

非洲 50 多个国家和地区，考虑到在非投资面临很多的政治风险、法律风险等，中国应尽快同更多非洲国家签署双边投资条约，并将已签署的双边投资条约积极推动落实生效。在不存在有效的双边投资保护条约时，如果中国在非洲国家的投资被征收或国有化，就无法获得此类条约所提供的救济。西方发达国家就非常重视利用双边投资保护条约来保护它们的海外投资利益，特别是在政治动荡的非洲国家进行投资时更是如此。例如，英国与 26 个非洲国家签署有双边投资保护条约，其中 21 个已经生效。德国与 43 个非洲国家签署有双边投资保护条约，其中 41 个已经生效。当与非洲国家政府发生投资争议时，西方国家的投资者还非常善于利用双边投资保护条约规定的救济途径来保护自己的投资权益。在解决投资争端国际中心所受理的外国投资者针对非洲国家提起的投资争议中，基本上都是来自西方发达国家的投资者。[①]

在民商事领域，考虑到中非双方法律制度差异巨大，双方对彼此的法律制度不是很了解，中非双方可通过双边民商事司法协助条约，对涉及另一方当事人的民商事案件的管辖权确定、法律内容的查明、司法和司法外文书送达、域外调查取证、判决和仲裁裁决

---

① 朱伟东：《外国投资者与非洲国家之间的投资争议分析——基于解决投资争端国际中心相关案例的考察》，《西亚非洲》2016 年第 3 期。

的承认和执行做出具体规定，以便能够快速解决争议，防止久拖不决，或即使做出判决，而判决得不到承认和执行。但现实情况是，中国目前仅同东北非五个国家即摩洛哥、阿尔及利亚、突尼斯、埃及、埃塞俄比亚签订有民商事司法协助条约，一些与中国有频繁民商事往来且拥有较多中国移民的非洲国家还没有同中国签署此类条约，如南非、苏丹、尼日利亚、安哥拉、几内亚、加纳、赞比亚、坦桑尼亚、埃塞俄比亚、博茨瓦纳、津巴布韦、乌干达、肯尼亚等国。这些国家中有些是中非产能合作先行先试示范国家，如埃塞俄比亚、坦桑尼亚、肯尼亚，有些是中非产能合作重点对象国，如安哥拉。在不存在此类条约时，会造成中非之间的许多民商事案件不能得到有效处理或根本无法得到解决。中非之间已经发生的一些民商事案件有力地说明了这一点。

在刑事领域，中非之间日益增多的跨国刑事犯罪案件对中非双方人民的生命和财产安全造成极大威胁，对中非社会秩序的稳定带来了极大的隐患，严重影响了中非产能合作和人文交流的顺利开展。为此，中非双方需要建立起切实可行的双边刑事司法协助渠道。截至目前，中国仅同突尼斯、阿尔及利亚、埃及、南非和纳米比亚签署有双边刑事司法协助条约，且已生效，与肯尼亚、刚果（布）、毛里求斯、摩洛哥、塞内加尔签署的双边司法协助条约尚未生效；中国同阿尔及利亚、突尼斯、南非、纳米比亚、安哥拉和埃塞俄比亚签署有引渡条约，且已生效，与津巴布韦、肯尼亚、刚果（布）、毛里求斯、摩洛哥和塞内加尔签署有引渡条约，但尚未生效。在中非产能合作国家中，中国仅与南非和埃及签订有刑事司法协助条约，与南非和安哥拉签订有引渡条约。与埃塞俄比亚、坦桑尼亚、肯尼亚、刚果（布）这几个中非产能合作先行先试示范国家都没有签署此类条约。而中国与这些国家之间频繁发生的刑事案件，表明了签署此类条约的重要性以及加强刑事司法和执法合作的必要性和迫切性。

在中非开展经贸合作的过程中，还必须注意双重征税问题。由于各国一般都是按照纳税人居住国原则和所得来源地原则进行征税，在跨国民商事交往中，就可能出现对统一纳税人重复征税的情况。双重征税加重了纳税人的负担，不利于国家之间资金、技术和人员流动。为解决双重征税问题，各国一般都会通过谈判同其他国家签订避免双重征税协定。迄今，中国已同18个非洲国家签订有避免双重征税协定，这18个非洲国家分别是肯尼亚、津巴布韦、博茨瓦纳、乌干达、赞比亚、埃塞俄比亚、阿尔及利亚、摩洛哥、突尼斯、尼日利亚、南非、塞舌尔、埃及、苏丹、刚果（布）、加蓬、安哥拉和毛里求斯，其中中国同肯尼亚、博茨瓦纳、加蓬、刚果（布）、安哥拉和乌干达签订的避免双重征税协定尚未生效。① 在中非产能合作的重点国家中，只有埃及、南非、埃塞俄比亚同中国存在此类协定，与其他几个非洲国家都没有签署此类协定。显然，中国和非洲国家之间生效的避免双重征税协定的数量极其有限。相比之下，英国同28个非洲国家签署有避免双重征税协定，而法国同26个非洲国家签署有此类协定。

此外，由于上述一些条约签署年代较久等原因，一些条约的内容需要根据中非经贸形势的变化进行修正。例如，在双边投资保护条约方面，有些规定还不完备，或没有针对中非投资关系的实际情况，这不利于保护中国在非洲国家的投资；在双边民商事、刑事司法协助条约方面，有些规定不一致，而且有些重要的规定，内容过于简略，容易给中非双边的民商事、刑事司法协助带来不确定性，不利于中非之间民商事纠纷的顺利解决，不利于有效打击跨国犯罪；在中非双边税收条约方面，也存在界定不一致、标准不统一、税收饶让条款不对称、争议解决条款不完善等问题，不利于中非之间税收摩擦的妥善处理。②

---

① 《我国签订的多边税收条约》，http：//www.chinatax.gov.cn/n810341/n810770/index.html，2017年12月18日。
② 朱伟东、王琼、王婷：《中非双边法制合作》，中国社会科学出版社2019年版，第126页。

(三) 应对中非经贸合作法律问题的建议①

针对中非合作中出现的法律问题以及中非双边法制合作的现状,本部分就如何应对中非法律问题、保障中非合作健康发展提出如下建议。

第一,完善现有的双边法制框架。通过前面的分析可以看出,随着中非经贸关系的发展,中非之间的投资争议、民商事纠纷、跨境犯罪案件、税收摩擦等各类法律问题日益增加。由于相应多边公约的缺失以及中国和非洲国家特别是非洲国家在多边公约中的参与度不高,目前,中国和非洲国家主要通过双边法制框架来调整这些法律问题。这就要求中国和非洲国家之间首先需要建立更多的此类双边法制框架。但从现实的情况来看,中非之间的双边法制框架还不能满足目前中非经贸关系发展的需要。因此,首先,中国应大力推动与更多非洲国家签订双边投资保护条约、民商事和刑事司法协助条约、双边税收条约等,以便为中非经贸关系的长远健康发展创造稳固的双边法制框架。其次,中国应尽量完善现有的双边法制合作框架内容,或在签订新的双边投资保护条约、民商事和刑事司法协助条约、双边税收条约时根据中非之间的实

---

① 参见朱伟东、王琼、王婷《中非双边法制合作》,中国社会科学出版社 2019 年版,第 125—159 页。

际情况，纳入新的规定和内容。

良好的法律环境一般需要具备完备的法律制度、高效公正的司法与执法活动、民众较高的法律意识等。在中非民商事交往中，除了上述存在的相关法律制度不健全外，还存在司法与执法的交流与合作还比较薄弱、民众的法律意识普遍不高等问题。"徒法不足以自行"，即使有良好的法律制度，如果中非双方的立法、司法、执法部门之间没有有效的沟通、交流和合作，中非民众没有较高的法律意识，仍然不能有效预防各类民商事纠纷、违法犯罪行为的发生。因此，中非双方的立法、执法、司法等部门以及双方的学者和民众应携起手来，秉诚合作，为中非经贸关系构筑一张立体、全面的法治保障网。① 具体而言，中非双方应深化立法部门的沟通，加强执法部门的合作，扩大司法交流，提高双方民众的法律意识，增强守法观念，减少违法行为的发生。

第二，加强与非洲地区性组织的法制合作与建设。为了推动地区一体化，改善区域内的贸易、投资环境，推动区域内投资、贸易的发展，非洲国家创建了许多地区性组织，如东非共同体、东南非共同市场、西非国家经济共同体、南部非洲关税同盟、中部

---

① 朱伟东：《构筑中非贸易法治保障网》，《中国投资》2018年第22期。

非洲经济货币共同体、非洲商法协调组织等。这些非洲地区性组织有的专门制定了区域内贸易、投资协定，对区域内的贸易和投资事项做了详细规定。同这些地区性组织展开自由贸易协定的谈判，加强与这些地区性组织的法制合作与建设，对于中非开展产能合作具有重要的意义。首先，中国与非洲地区性组织通过谈判签署自贸协定可以推动非洲地区一体化，助力全球化的发展，实现中国和非洲大陆的共同繁荣；其次，中国与非洲地区性组织达成自贸协定有利于进一步扩大非洲市场，实现中非投资、贸易合作的转型升级；最后，中国与非洲地区性组织通过谈判达成自贸协定，有利于进一步增强中国相对于西方国家或地区在非洲的投资、贸易竞争力。西方国家或地区非常重视通过自贸协定与非洲国家或地区开展投资、贸易。例如，欧盟与东非共同体和南部非洲发展共同体签署的经济伙伴协定已分别在2016年6月和10月生效适用，欧盟与西非国家经济共同体和西非经济货币联盟16个成员国也已就经济伙伴协定内容达成一致，正在履行批准程序。美国也与东非共同体、东南非共同市场、西非国家经济共同体等签署了《贸易、投资框架协定》。中国如果不尽快与非洲地区性组织开展自贸协定谈判，就可能在非洲面临来自西方国家更多的投资、贸易竞争压力。由于缺乏制度性贸易安排，中国商品进入非洲市场也可能会受到更多随意的排挤和打压。

在与非洲国家或地区性组织启动自贸协定谈判时，中国可首先选择经济条件较好、市场潜力大、区域辐射性强的地区性组织开展此类谈判。例如，中国可首先考虑与南部非洲关税同盟、东南非共同市场、西非国家经济共同体等开展此类谈判。非洲大陆目前也正在推动非洲区域内贸易的发展，推动非洲统一市场的实现，例如，2015年6月，26个非洲国家政府首脑在出席非洲经济峰会时，签署协定决定整合东非共同体、东南非共同市场和南部非洲发展共同体这三大地区性组织，组成非洲规模最大的"三方自贸区"；2018年3月，非盟首脑特别会议通过了《非洲大陆自贸区协议》，根据计划，非洲大陆自贸区各成员国将在2020年7月1日按照自贸区的各项法律文件进行经贸合作。从国际、国内形势来看，可以说，在目前，中国同非洲地区性组织开展自贸协定谈判面临难得的机遇和条件。

第三，构建中非合作的多边法制保障框架。在中非合作中，还应重视多边法制的作用。对于开展产能合作过程中出现的各类涉外民商事纠纷、投资争议等，多边法制可以提供一个便利、通畅的解决途径。例如，对于涉外民商事案件，当需要对司法文书进行域外送达或需要进行域外调查取证时，可以利用双方国家都加入的海牙《域外送达公约》和《域外取证公约》所规定的途径进行；对于外国投资者与投资东道国政府之间的投资争议，可以通过1965年《华盛顿公约》所规定的解决投资争端国际中心（ICSID）仲裁机制进行；对于外国仲裁裁决的承认和执行，可以按照1958年《纽约公约》的规定进行。

但就中非产能合作所能利用的现有多边法制体系来看，除对于仲裁裁决的承认和执行存在十分便利的条件外，中非双方在涉外民商事领域、投资争议领域所能利用的多边法制体系要么明显不足，要么不适合中非双方的实际需要。在仲裁裁决的承认和执行方面，非洲目前已有37个国家加入了《纽约公约》，[①] 中国也是该公约的成员国，这对于仲裁裁决在彼此国家申请承认和执行提供了便捷的渠道。在涉外民商事领域，中国早已批准海牙《域外送达公约》和《域外取证公约》，但在非洲方面，截至目前，仅有摩洛哥、突尼斯、埃及、博茨瓦纳、马拉维和塞舌尔六个国家加入了《域外送达公约》，[②] 仅有南非、摩洛哥和塞舌尔三

---

① 数据根据《纽约公约》网站上的信息整理而成，参见 http：//www. newyorkconvention. org/list + of + contracting + states，2019年12月16日。

② 参见 https：//www. hcch. net/en/instruments/conventions/specialised-sections/service，2019年12月16日。

个国家加入了《域外取证公约》。① 考虑到中非之间发生的民商事纠纷已几乎涉及所有非洲国家，利用公约来解决中非民商事案件的域外送达、域外取证显然还很不现实。

在投资争议解决方面，截至目前，已有 46 个非洲国家成为《华盛顿公约》的成员国，中国也是该公约的成员国。② 但这并非意味着中非之间的投资争议就可通过该公约规定的仲裁机制进行。首先，在中非之间已生效的 18 个双边投资条约中，仅有 9 个规定了可以将投资者与东道国政府之间的投资争议或征收补偿额争议提交给根据该公约设立的国际中心解决。③ 而目前，中国对非投资基本遍及非洲国家和地区，利用这一公约解决机制显然不能满足实际需要。其次，许多非洲国家在实践中已认识到《华盛顿公约》的投资争议仲裁解决机制对非洲十分不利，④ 例如，仲裁庭的仲裁员基本来自西方发达国家，仲裁程序基本是在欧美

---

① 参见 https：//www.hcch.net/en/instruments/conventions/status-table/？cid=82，2019 年 12 月 16 日。

② 参见 https：//icsid.worldbank.org/en/Pages/about/Database-of-Member-States.aspx，2017 年 12 月 16 日。

③ 这个双边投资保护条约分别是中国同下列非洲国家签署的：摩洛哥、加蓬、突尼斯、赤道几内亚、马达加斯加、马里、坦桑尼亚、刚果（布）（一切投资争议）、埃塞俄比亚（征收补偿额争议）。

④ 朱伟东：《外国投资者与非洲国家之间的投资争议分析——基于解决投资争端国际中心相关案例的考察》，《西亚非洲》2016 年第 3 期。

等国家或地区进行的，非洲的法律文化和传统没有在仲裁程序中得到应有的重视等，因此，一些非洲国家开始对《华盛顿公约》的投资争议仲裁解决机制产生抵制情绪，如南非、埃及等，不排除以后有更多的非洲国家退出这一多边机制，这就为中非之间利用这一多边机制解决投资争议带来潜在的障碍。

因此，从长远来看，中非双方可以根据双方投资、经贸发展的现实以及相似的法律文化传统，努力构建符合双方实际情况和现实需要的多边法制保障体系。例如，在投资和贸易领域，中非双方可以考虑在中非合作论坛框架下，探讨建立自由贸易协定的可能性，并对中非经贸、投资纠纷的解决机制做出相应的规定；考虑到制定全面自由贸易协定的复杂性以及解决投资争议问题的现实迫切性，中非之间也可首先就中非投资争议的解决这一程序性问题进行协商谈判，在考虑双方实际情况和双方法律文化与传统的基础上，可以设立一个中非投资争议解决中心；在民商事领域，考虑非洲法律的复杂性和多样化，中非双方可以就民商事司法协助做出一个多边安排，对涉外民商事案件管辖权的确定、域外调查、域外取证、外国法内容的查明、法律信息的交流、民商事判决的承认与执行等事项做出明确规定。

通过上述分析可以看出，虽然中非合作过程中民商事纠纷、投资争议、跨国犯罪案件会大量发生，但目前中非之间并没有完善的法制框架来应对这些法律问题。从中非合作的长远发展来看，只有把它纳入法制化的发展轨道，它才能得到健康、良性的发展。就中非合作的法制化途径来看，中国和非洲国家首先可以考虑签订更多的双边条约，为跨境民商事纠纷、跨国犯罪案件、投资争议等提供便捷、高效的解决渠道。在此基础上，中国可与非洲的地区性组织进行沟通联系，以便达成地区性的经济伙伴协议或自由贸易协定，为中非合作奠定区域性的法制框架。当然，中国作为最大的发展中国家，非洲作为发展中国家最集中的大陆，双方可以努力构建反映广大发展中国家利益和呼声的国际经贸规则。通过谈判签订多边民商事司法合作公约或经贸投资公约，不仅有利于中非合作在更大范围内进行，也有助于推动新的国际经贸规则的形成。

"一带一路"倡议在非洲的项目合作经验

一 亚吉铁路项目的效益与挑战[*]

亚吉铁路是中国企业在非洲承建的第一条大型电气化铁路，是第一个全产业链"走出去"铁路项目，是"一带一路"倡议的重要早期收获。2019年4月，亚吉铁路经济走廊及沿线工业园被写入了《第二届"一带一路"国际合作高峰论坛圆桌峰会联合公报》。

（一）亚吉铁路项目基本情况

埃塞俄比亚是内陆国家，是全球13个人口超过一亿的国家中唯一没有出海口的国家，货物进出口主要依靠吉布提港，埃塞俄比亚进出口货物占据了大部分吉布提港口的吞吐量。埃塞俄比亚首都亚的斯亚贝巴

---

[*] 本部分作者张春宇，中国非洲研究院助理研究员。

与吉布提港之间曾有一条由法国公司于1910年修建的窄轨铁路，但年久失修，早已无法使用。吉布提港是东非最重要的港口之一，该国的国家发展战略是依托吉布提港将吉布提建成东非区域综合性交通枢纽和物流中心。亚吉铁路建成之前，两国的物流运输主要依靠卡车车队的公路运输，运输成本高、速度慢、时间长、效率低。通过新建铁路，形成铁路、公路运输并举是两国共同的愿望。早在2001年，中土集团就曾受埃塞俄比亚政府邀请考察过铁路项目。2011年，埃塞俄比亚政府再次提出修建亚吉铁路的计划，与中集集团开展了多轮磋商和谈判，2011年10月和2011年12月，中铁二局、中土集团分别与埃塞俄比亚方面签署了铁路承建合同，2012年1月，中土集团与吉布提方面签署了铁路承建合同。

亚吉铁路是东非埃塞俄比亚与吉布提之间的骨干铁路，以货运为主，客运和货运列车共线运行，全线采用中国二级电气化铁路标准，客车设计时速120公里，货车设计时速80公里。亚吉铁路于2012年4月开工，2015年6月全线铺通，2016年10月通车，2018年1月1日正式商业运营。全长751.7公里，业主方是埃塞俄比亚—吉布提标准轨距股份公司，埃塞俄比亚和吉布提分别占股75%和25%。亚吉铁路由中国中土集团和中铁二局承建，其中，中铁二局承建的是瑟贝塔至米埃尔段的329.1公里，中土集团承建的是米埃尔至吉布提港区段的422.6公里。合同总金额40.8亿美元，包括全线设计、施工与机车车辆采购等所有费用。亚吉铁路共有20座车站，主要车站有埃塞俄比亚德雷达瓦车站和达瓦利车站、吉布提的纳加德车站。

顺利融资是建设亚吉铁路的必要前提。在融资阶段，曾有多个国家向埃塞俄比亚提供资金，但由于附加政治条款而被埃塞俄比亚拒绝，最终选择与中国进出口银行合作。2013年5月，双方签署融资协议：进出口银行提供28亿美元商业贷款，约占铁路建设所需总资金的80%，涵盖了埃塞俄比亚段70%的资金和吉布提段85%的资金。其后，埃塞俄比亚与中方保险公司签订了额度为95%的信用保险。

亚吉铁路的运营问题在铁路尚未完工时即提上了日程。埃塞俄比亚和吉布提政府认识到自身尚缺乏现代铁路管理和运营经验，在技术和管理岗位也缺乏足够的人才，因此不宜马上接管运营。中土集团主动提出承担铁路运营的想法。2015年7月，亚吉铁路业主方邀请了包括中土集团、中国中铁、德国铁路公司、法国铁路公司和土耳其铁路公司等多家企业参加运营项目投标。为有效开展对非合作，中土集团和中国中铁组成了联营体联合投标。各投标公司中，土耳其铁路公司投标价格最低,但中方联营体以完备的方案获得了业主方的信任,中方联营体与亚吉铁路业主方于2016年7月签署了"6+2"的运营合同,即6年运营维护合同,到期后可选择增加2年技术服务合同。运营方的核心职责是提供亚吉铁路的货运和客运服务,完成业主方的KPI考核,培训当地运营团队,到期后移交铁路运营权和运营团队等。

亚吉铁路项目被总结为"亚吉模式",得到了广泛的关注与传播。什么是"亚吉模式"?我们理解的"亚吉模式"有两个核心。其一是全产业链"走出去",也即海外项目的投建营一体化。亚吉铁路项目中,中国的设计标准、融资方案、装备设施、原材料、施工和监理、运营管理联合"走出去",全部采用中国标准。具体来看,亚吉铁路全线采用中国二级电气化铁路标准设计、由中国进出口银行提供融资、由中土集团和中铁二局承建、由中国国际工程咨询公司和铁道第三勘查设计院联合体监理、由中国中车提供机车车辆、由中土集团与中国中铁联营体运营管理。其二是实现了"铁路带动铁路沿线经济带发展"的区域经济带动模式,这是与以往中国承建的境外基础设施项目明显不同之处。

(二)亚吉铁路的经济效益和社会效益

总体来看,亚吉铁路实现了较好的经济效益和社会效益。有人会用中国国内标准来衡量亚吉铁路的经济效益是否显著。但实际上，更应该将亚吉铁路的效益，尤其是经济效益置于埃塞俄比亚和吉布提这两个国家的现实发展境况中予以衡量和评判。

亚吉铁路给地区发展带来的收益，对埃塞俄比亚和吉布提两国而言，最直接的效益体现为以下四个方面。

其一，亚吉铁路的建成通车在相当程度上改善了两国之间的客货运输条件。两国企业和普通百姓都能充分感受到交通便利性的显著提高，并且带来了不菲的运营收入。居民选择的增多意味着福利的增加。埃塞俄比亚的进口货物主要从吉布提港运输到内地，其中约75%运至亚的斯亚贝巴及其周边，其余的25%运至北部和东部地区。亚吉铁路使原来从吉布提港到亚的斯亚贝巴的公路运输所需的3—7天时间，缩短至16个小时。亚吉铁路的货运能力是原来窄轨铁路的10倍以上，吨货物的运输成本比公路运输下降17%—50%。从吉布提港到亚的斯亚贝巴的客运时间从2天缩短为12个小时。自2018年1月1日正式商业运营以来，累计发送旅客超过20万人，发送货物超过250万吨，营收数千万美元。由于对公路运输的依赖性降低，两国还节省了大量公路维护成本。

其二，亚吉铁路自全线铺通具备运行条件之后，就开始承担东道国在一些特殊时期的紧急客运和货运任务，解埃塞俄比亚政府的燃眉之急。2015年11月开始，中土集团就使用自有内燃机车帮助埃塞俄比亚政府运输救灾粮食、急需使用的建材等数十吨物资；在紧急时期帮助运送侨民超过6600人。可以预见，在未来东道国政府应对国内紧急事务中，亚吉铁路还将做出更多的贡献。

其三，亚吉铁路成为埃塞俄比亚和吉布提铁路人才的摇篮。在亚吉铁路项目建设时期，中土集团和中铁二局雇用了大量当地劳动力，并提供了相关的人才培训。在运营过程中，人才培养本就是运营商的核心职责之一，对此，业主方有相应的考核机制，因此对当地人才培训的规模更大、模式更多，效果也更好。据统计，亚吉铁路建设和运营过程中累计雇用东道国员工超过45000人，其中在埃塞俄比亚雇用超过40000人，在吉布提雇用超过5000人。当地员工一方面获得就业机会，提高了收入和生活水平，并能在工作实践中学习实用技术；另一方面得到运营方安排的多种方式的正规培训机会，包括颇有中国特色的"师徒制"培训，当地铁路运营团队到中国培训等。规模最大、效果最好的当属中土集团参与建设的非洲第一家鲁班工坊——吉布提鲁班工坊的学习和培训。吉布提鲁班工坊设置了建设铁道类专业，设有铁道运营实训区、机车模拟驾驶实训区、企业模拟经营认知实训室、叉车驾驶技能实训区，在纳加德车站设有实训基地。中方为当地培训的各类技术人才和管理人才已经成为埃塞俄比亚铁路系统的骨干力量，正在为该国铁路制度的确立和铁路相关产业体系的现代化做出重要的贡献。

其四，亚吉铁路带动了沿线区域经济协同发展。亚吉铁路与以往中国在非洲承建的铁路项目的区别之一是带动了沿线经济带的发展。埃塞俄比亚政府于2015年颁布的《增长与改革计划2015—2019年》提出，为实现"2025年成为非洲领先制造业中心"的总体计划，将以开发专业化工业园区为工业化战略的重要实现手段；同年颁布了《工业园法》。埃塞俄比亚政府规划了14个工业园，主要包括阿瓦萨工业园、孔博查工业园、阿达玛工业园、德雷达瓦工业园、巴赫达尔工业园等，多数位于亚吉铁路沿线或周边，大部分已建成使用。政府计划以亚吉铁路为依托，建立"一体两翼"的经济走廊。中土集团承建了5个工业园项目，合同总额8.24亿美元。这些工业园依托亚吉铁路提升了物流运输效率，降低了成本，在未来也将成为亚吉铁路物流货源，相互带动，协同发展。目前，亚吉铁路已经带动了沿线地价的大幅提升，沿线多项基础设施兴建，商贸活动日益活跃，形成了工业、农业、房地产、服务业的协同发展，沿线地区的城市化进程得以加快。在吉布提，亚吉铁路形成的沿线经济带也初步显现，铁路沿线的地价上涨、房产增值、商贸活跃，前景广阔。

亚吉铁路在促进埃塞俄比亚和吉布提发展的同时也给中方企业带来了相应的收益，真正体现了合作共赢。

其一，亚吉铁路带来的经济收益。亚吉模式实现了全产业链"走出去"，成功地带动了超过十亿美元的出口，包括机械设备、通信及四电设备、建材等。随着埃塞俄比亚经济的发展，工业化战略的推进，未来该国的进出口货运量，尤其是出口货运量可能会有较大幅度增长，将会带来较大的经济收益。此外，中土集团投资的工业园将在未来中埃产能合作中寻找到巨大商机。

其二，亚吉铁路促进中非民心相通作用。在亚吉铁路建设和运营过程中，中方企业高度注重企业社会责任的履行，制定了企业社会责任规划，采取多种方式，为项目所在地纾忧解困，赢得当地人的好感和信任。亚吉铁路建成运行后，给当地居民带来了生产生活便利和实实在在的经济收益，让当地居民更深地了解了中国企业，为中方企业深耕市场创造了良好氛围。同时，中方企业在项目实施过程中，严格履约，注重质量，建立了很好的商誉，为进一步开发当地市场奠定了基础；之后，中土集团相继在两国市场收获了多个项目，如德雷达瓦公路、吉吉加公路、西门子埃塞—肯尼亚输变电±500KV换流站、戈德供水项目、德雷达瓦旱港等数十个项目；中土集团还先后投建了埃塞俄比亚和吉布提两个总部基地。

其三，亚吉铁路带来的地区合作示范效应。亚吉铁路采用全套中国设备和中国标准取得的成功证实了中国标准、技术和管理模式的可靠性和适用性，赢得了广泛赞誉，形成了示范效应，有助于中国企业未来在非洲地区的铁路网建设及其他基础设施建设领域赢得更多的项目。

（三）亚吉铁路运营面临的挑战

目前，亚吉铁路的运营也存在着一些问题，面临着一些挑战。其一，项目所在国自身发展困境将对亚吉铁路的运营产生负面影响。近年来，埃塞俄比亚外债增速惊人，由于2005年以来良好的经济增长态势，短期债务风险不大，但从长期来看，债务风险的聚集将会在未来特定时间段形成明显的偿债压力。同时，从2015年开始，国内矛盾凸显，社会动荡时有发生，不利于经济和社会的稳定发展。埃塞俄比亚的债务状况已经很难支持该国在未来几年有更多的大型项目，同时也对现有项目的接收、付款产生了压力，该国政府在亚吉铁路、阿瓦萨等工业园项目上均有欠款。近些年，吉布提债务水平的上涨也很快，债务的一半来自埃塞俄比亚—吉布提供水管道和亚吉铁路。吉布提政府已高度关注债务问题，财政支出受到制约。如果两国经济发展不及预期，将对亚吉铁路潜在的运营收益产生负面的影响。此外，埃塞俄比亚政府的治理能力有待提高，政府决策效率低，贸易、海关、劳工、税务等部门对外资企业比较严苛，也影响了亚吉铁路的运营效率。

其二，亚吉铁路运力不足，仍处于亏损状态。据测算，亚吉铁路要每日开行4对货车，年货运量达到400万吨，才可以实现日常运营的盈亏平衡，但目前只能每日开行2对货车。年货运量要达到800万吨才能实现项目的盈亏平衡，业主方才能实现正常的还本付息，及至盈利。2018年，亚吉铁路开行客运列车328列，发送旅客12.5万人次；开行货运列车775列，发运货物138万吨；营业收入3229.9万美元。相较于2018年，2019年的客货运收入有较大幅度的提升，经营状况有所改善，但仍未实现日常运营的盈亏平衡，距项目盈亏平衡还有很长的路要走。

导致亚吉铁路运力不足的原因有很多。首先是缺少足够的货物。埃塞俄比亚有一定的货物进口量，但工业不发达，货物出口量非常有限；该问题要待亚吉铁路沿线工业园蓬勃发展,大幅度提升生产能力和出口能力方能解决。其次是埃塞俄比亚国家电网的供电能力薄弱,经常无法正常供电,导致部分区段和车站长期供电不足,阿迪嘎拉、阿拉瓦等车站甚至出现长达数月的停电。最后是吉布提港到亚的斯亚贝巴之间的公路运输和铁路运输之间存在激烈的竞争。在亚吉铁路运营之前,公路运输一直占据主导地位,公路运输的利益相关方一直在抵制铁路运输,采取多种方式给亚吉铁路制造麻烦。且由于基础设施尚不完善,比如最后一公里问题迟迟未解决。由于设备数量有限和劳动力素质较低,铁路货物装卸效率低,这都降低了铁路货运的吸引力。铁路运输虽然优势明显,但目前还不能完全替代公路运输,公路运输和铁路运输的竞争还将持续。此外,吉布提与埃塞俄比亚两国的边检严格,通关效率低下,也制约了运输效率的进一步提升。

其三,亚吉铁路业主方拖欠合同款项,铁路运维资金依赖中方企业垫资,运维资金严重不足。由于国内严峻的财政状况,近年来埃塞俄比亚存在推迟已完工项目接收、拖欠工程款的现象。亚吉铁路运营已两年有余,但业主方按合同应支付运营公司的款项拖欠较多,运营公司垫资压力很大,这种状况不可持续;运维资金的短缺造成铁路设备检修不足,备品备件匮乏,机车车辆长期带"病"运行,存在安全隐患,且将随着运营时长的增加而更加严重。此外，提升运力所需的购置新车、增建新车站等计划也都由于运维资金匮乏而无法实现。

其四，亚吉铁路的运营安全受到威胁。亚吉铁路的运营安全隐患一方面来自列车的运维不到位，另一方面则是由于埃塞俄比亚没有《铁路法》，也缺乏现代铁路文化。这就造成警察等执法部门无法可依，铁路沿线居民缺乏对铁路的正确认识。加上业主方由于成本等各方面的考虑，配备的安保人数不足，无法实现全天候巡守。村民无故拦停列车，牲畜走上铁路，以及偷盗设备、蓄意破坏设备事件频发，也成为严重困扰运营公司的问题。

（四）采取措施妥善应对相关挑战

为确保亚吉铁路项目的长期可持续性，需要采取针对性措施，解决目前存在的相关问题。

其一，应鼓励和推动更多的全产业链"走出去"项目落地。虽然也面临一些问题和挑战，但总体上看，亚吉铁路这种全产业链"走出去"项目能够取得较好的经济效益和社会效益，有助于东道国的经济和社会发展，有助于中国对外投资和贸易的扩大和深化，也有助于双方友好关系的继续发展，因此中国应该在包括非洲在内的发展中国家中继续推动亚吉模式的项目落地。要明确的是，这些项目要以中国标准"走出去"为核心，让中国标准从发展中国家开始，逐步得到世界的公认，中国能够逐步掌握工程技术、商业运营等层面的国际话语权。这些项目要能够以点带面，推动东道国区域经济发展，造福一方，这是赢得东道国民心的不二法宝。需要注意的是，此类项目一般规模较大，成本较高，未来的发展也具有一定的不确定性，因此立项和推进都需要非常慎重。最好由中央政府统一协调，避免个别部门出于本部门利益仓促上马项目，造成短期损失和长期的潜在风险。

其二，为保障亚吉铁路发展潜力的兑现，需要有针对性地继续给予资金支持，但要高度警惕融资风险。亚吉铁路是提升中国在非洲政治经济影响力和美誉度的载体，为确保亚吉铁路项目的成功，中方应继续给予包括资金在内的各方面的支持。从收益成本角度来看，中国也应该继续给予支持。当前亚吉铁路正走在努力实现项目盈亏平衡点的路上，若此时中国停止资金支持，亚吉铁路的经营失败将难以避免，之前的投入可能将血本无归，这既对东道国的经济发展形成破坏，又极大地损害了中国的海外经济利益和声誉。因此，应鼓励进出口银行等国内金融机构采取国际合作的方式为亚吉铁路后续配套工程提供融资支持，包括投资建设车辆维修基地、投资建设物流中心、对牵引供电及车站供电系统进行升级改造、解决装卸能力不足问题等。当然，必须要高度警惕融资风险。

其三，推动铁路立法和必要的配套基础设施建设。鉴于亚吉铁路当前面临的运维资金不足等困难，要敦促业主方严守契约精神，及时支付合同款项，避免中方公司持续垫资的现象；通过多种方式，推动埃塞俄比亚和吉布提两国政府尽快开展铁路立法。目前，业主方已经向政府提交了铁路立法建议草本。在铁路立法中，要着重强调亚吉铁路的早日全线封闭管理，设立铁路警察机构等事项。中方运营公司需要督促业主方加大铁路安保投入，建立明确可执行的考核制度，要不定期开展重点区段专项整治。加大宣传力度，让现代铁路文化深入民心，要通过多种方式与沿线社区搞好关系，互融互恰，为铁路持续运营创造良好的外部环境。

二 蒙内铁路助推东非一体化的典范[*]

蒙巴萨至内罗毕现代化标准轨铁路（蒙内铁路）东起东非第一大港口蒙巴萨港，西至肯尼亚首都内罗毕，全长480多公里。项目2014年12月开工，2017年6月1日正式开始提供客货运输服务。蒙内铁路由

---

[*] 本部分作者邓延庭，中国非洲研究院助理研究员。

肯尼亚与中国合作建设，采取中国铁路Ⅰ级标准，以货运为主，兼顾客运服务，现阶段采取单线内燃机牵引，预留远期进行电气化扩能改造的条件，是整个非洲第一条全面投入商业运营的全中国标准的现代化标准轨铁路。蒙内铁路是肯尼亚"2030愿景"全面对接中国"一带一路"倡议的成果，代表着新时代中非互利共赢合作的最高水平，为构建更加紧密的中非命运共同体，提供了强有力的支持。

（一）蒙内铁路规划的缘起

为了解决国家基础设施特别是铁路运输设施落后与国家经济社会快速发展以及东非一体化持续推进之间的不平衡矛盾，肯尼亚将修建蒙内铁路作为实质性推动"2030愿景"的优先执行项目，全面拉开了肯尼亚以及东非共同体成员国现代化铁路建设的历史大幕。

第一，窄轨铁路不堪重负。最早连接肯尼亚首都内罗毕与东非第一大港口蒙巴萨的铁路，是英国殖民者于19世纪末至20世纪初修建的轨距为1米的铁路（以下简称窄轨铁路）。该条铁路从蒙巴萨港出发，通过内罗毕，一直延伸到位于大湖地区北部的乌干达，因此按照最终到达目的地的名称被命名为乌干达铁路（Uganda Railway）。此外，由于这条铁路耗资巨大，修建过程中工人伤亡惨重，且沿途经过的地方大多是欧洲"文明世界"陌生的地区，因此也被英国坊间戏称为"疯狂快线"（Lunatic Express）。英国修建窄轨铁路的根本目的是加强对沿线地区的殖民统治，巩固其在欧洲殖民列强瓜分非洲的争霸竞赛中的优势地位。第二次世界大战结束后，窄轨铁路又为英国加强对东非英语殖民地的开发提供了便利的运输服务和巨大的经济利润，成为整个东非地区最为重要的陆路运输通道。

20世纪60年代，肯尼亚、乌干达、坦桑尼亚等东非三国获得政治独立后，对包括乌干达铁路在内的所有东非既有窄轨铁路采取联营措施。进入70年代中后期，随着三国在东非一体化进程上的意见相左，包括铁路在内的所有东非联营机构解体，肯尼亚境内的乌干达铁路成为肯尼亚铁路公司管理路段。窄轨铁路虽然仍然长期在肯尼亚的陆路交通运输中发挥着重要所用，但由于肯尼亚缺乏铁路设计、建设、运营、维护、管理的技术、人才以及资金，很多关键性领域仍然要受制于西方国家，因而窄轨铁路的实际运管状态每况愈下。至21世纪初期，肯尼亚的窄轨铁路运输已不容乐观：一方面，铁路里程不增反降。独立后的肯尼亚不仅没有修建过一条铁路，而且因管理不善、人为破坏等原因，越来越多的路段被迫关停。仅2007年的大选骚乱，就导致内罗毕以西通往乌干达的铁路路段受损严重，几近瘫痪，仅内罗毕至蒙巴萨区间勉强靠修修补补维持正常运输。另一方面，铁路技术标准偏低。所有窄轨铁路的技术状态仍然维持在100多年前的殖民统治时期的水平，运量小、时速低、安全性差，既无法承担大宗货物的高效运输，又无法提供方便快捷的客运服务，与快速兴起的公路运输相比没有任何优势。自21世纪第二个十年开始，窄轨铁路运输已经完全沦为边缘化的陆路运输方式。因此，为了应对肯尼亚经济社会快速发展以及东非一体化深入推进带来的巨大的客货运输需求，尤其是缓解公路运输面临的严重拥堵，肯尼亚迫切需要抛弃已不堪重负的窄轨铁路，新建顺应时代需求的现代化标准轨铁路。

第二，肯尼亚社会经济快速发展需要。肯尼亚是东非第一大经济体，也是非洲经济发展最具后劲的引擎之一。2007年，肯尼亚政府制定了"2030愿景"，旨在通过加速发展工业化和现代化进程，确保到2030年将肯尼亚建成非洲的新兴工业化和中等发达国家。新建蒙巴萨至内罗毕的现代化标准轨铁路，被肯尼亚列为落实发展愿景的首批行动计划之一，力争通过上马大型基础设施建设项目，破解长期制约国家发展的社会经济障碍。

肯尼亚面临着和众多非洲国家在发展进程中相同的问题，即落后的产业发展与快速推进的城市化之间的失衡，导致总体失业率，特别是作为就业生力军的中青年人的失业率,长期居高不下。进入21世纪以来,肯尼亚的总体失业率维持在40%左右,而中青年人的失业率更是高达70%。"2030愿景"第一个中期计划(MTP1)也陆续上马了一些项目,但因规模有限,实际吸纳人数相对较少,无法从整体上改变就业局势不利的严峻局面。从2011年至2014年,各个重点工程所雇用劳动力的总人数呈逐年快速增长态势,年均增速维持在9.4%左右。但能够通过签订正式劳务合同获得稳定收入的人群占总就业人数的比例仍然只维持在不到20%的比例,大多数就业者仍然是以打零工、打散工的形式就业,缺乏足够的保障。在肯尼亚发展与东非一体化的双重推动下,未来会有越来越多的居民涌入内罗毕、蒙巴萨、基苏木等中心城市,如果无法实质性改变人口增长与新增就业机会之间的严重不匹配,不仅居民的福祉会受到影响,而且社会稳定也将面临挑战。

针对这种情况,肯尼亚曾经做过模拟推算,如果实质性开工现代化铁路建设,则每修建一公里,就能够创造将近100个就业岗位,而且随着工期的推进,直接和间接创造的就业机会将呈现快速增长态势。此外,工程也将有力地拉动肯尼亚当地的钢铁、水泥、电力生产与输送、玻璃制造等多个行业的发展,为本国的产业发展振兴注入强劲活力。铁路正常运营之后,也能长期稳定地给全国提供至少数千个就业岗位。仅此一项指标，现代化铁路工程给国家和社会带来的发展红利，就能超过之前十年所有项目的总和。与此同时，由于现代化铁路的设计、建设以及运管涉及多个技术密集型的行业和工种，肯尼亚技术人员和工人的参与也能够为有效提高本国居民的平均劳动素质，提供必要的机会，为日后广泛承担对外产能合作，进行必要的人才储备。

第三，东非一体化的持续推进。作为东非第一大港口，蒙巴萨港近年来吞吐量的持续走高，深刻地反映了东非一体化持续推进的成果。在蒙巴萨港每年的货物吞吐量中，一大半是来自乌干达、南苏丹、卢旺达、刚果（金）东部等内陆国家和地区的进出口物资。但在蒙巴萨港运量持续走高的情况下，与其连接的肯尼亚干线交通却日益出现梗阻状况，严重限制了港口对于借道肯尼亚进出海的东非物资的集疏能力。

如前所述，由于长期担任物资运输的窄轨铁路疲态尽显，近年来新增的物资运能主要通过与之平行的A109国道上的卡车运输来提供。但公路运输的短板也十分明显，特别是对于内罗毕至蒙巴萨500多公里的路程来说，汽车的运量小、成本高、准点率低、安全性相对较差的问题也十分突出。从目前公路运输与蒙巴萨港吞吐量的匹配情况来看，公路在承运进出港物资的过程中,已经频繁出现严重的拥堵情况,导致货物在蒙巴萨至内罗毕区间的平均运输耗时和成本不断增加。目前,A109国道全程普遍只有两个车道,卡车数量的不断激增与沿线城镇的车流往往交织在一起,在内罗毕、蒙巴萨、沃伊等沿线主要城镇和居民点外围形成较为严重的拥堵点或拥堵带,造成严重的噪声和汽车尾气污染,不仅导致国道干线的交通运输频繁出现严重的"肠梗阻",而且较为严重地影响到沿线居民的生活。随着东非单一市场建设持续发力,特别是肯尼亚、乌干达等国已先后签字承担非洲自由贸易区建设的背景下,蒙巴萨港在可预见的时期内仍然将保持吞吐量快速增长的态势。特别是近期开工的港口设施扩能改造工作完成之后,蒙巴萨港的运输潜能将得到进一步的释放。在这种背景之下,如果不对蒙巴萨至内罗毕的陆路交通运输设施进行大规模扩能改造,有效地新增运能,公路运输不仅会在新出现的进出港货物运输需求的重压下走向进一步的瘫痪,而且会成为制约蒙巴萨港继续发挥东非北部出海口的运输效能。

有鉴于此,推动蒙巴萨—内罗毕—基苏木—马拉巴—坎帕拉的东非北部国际陆路通道的扩能改造和现代化运输通道建设,一直是肯尼亚、乌干达、南苏丹、卢旺达等东非国家的牢靠共识,并在此基础上成立了北部通道建设的合作委员会。因此,作为合作的发起者以及蒙巴萨港的所在地，肯尼亚迫切需要在交通运输梗阻问题最为严重的蒙巴萨至内罗毕区间启动现代化铁路建设，通过为东非内陆国家的进出海货物提供更为便捷的运输通道，来增强自身对东非经济一体化的参与程度，提升自身在东非政治、经济发展格局中的领导地位。

（二）蒙内铁路的建设与运管

在中肯共建"一带一路"倡议的背景之下，中国为肯尼亚提供了包括融资、设计、建设、运管在内的一揽子支持，确保肯尼亚突破长期制约基础设施建设的现实障碍，为蒙内铁路从规划蓝图走向现实，提供了强有力的支持。

第一，蒙内铁路的建设。肯尼亚启动蒙内铁路建设计划面临的头号障碍就是资金的巨大缺口，按照2013年的初步估算，蒙内区间的现代化铁路造价折合每公里790万美元，总长近500公里的线路需要耗资在30亿美元以上，而当年肯尼亚全年的GDP也仅仅200多亿美元，这就意味着仅仅铁路一项工程就要耗费全国GDP的1/9，是肯尼亚独立之后建设的最大的基础设施工程。中国在融资方面与肯尼亚开展的合作，有效解决了肯尼亚在推进铁路建设方面所面临的巨大资金缺口。2013年9月，肯尼亚正式与中国签订融资合作协议，中国进出口银行将向肯尼亚提供蒙内铁路总投资90%的融资贷款共36亿美元，其中16亿美元为优惠出口买方信贷，20亿美元为银行的自营贷款，肯尼亚政府通过设置相应的海关税种基金和财政拨款等方式，自行承担其余10%的约3亿美元的建设融资。2014年12月，来自中国的融资贷款正式拨付肯尼亚，确保了蒙内铁路按计划在2014年底如期开工建设。

对于肯尼亚而言，现代化铁路建设另一个难以独立克服的现实挑战，是该国缺乏相应的技术人员和工程设备。改革开放四十年以来，中国不仅运营着世界总里程全球第二的普通铁路网络和世界最长的高速铁路网络，而且建立起成熟完善的铁路全产业链，无论从铁路设计建设运营，还是铁路装备制造角度来看，都是世界上铁路领域中的翘楚。中国与肯尼亚的合作解决了该国在装备和人才等领域面临的挑战。中国确定国家铁路Ⅰ级标准为蒙内铁路建设标准，推动包括铁路设计、土建施工、机车车辆制造、通信供电设备制造与安装等方面在内的中国铁路全产业链落地肯尼亚，通过聚合改革开放四十年以来在全产业链中各个领域内取得的最新技术成果，蒙内铁路建设提供了一揽子的解决方案，确保了肯尼亚能够如期收获一条与世界先进技术指标完全同步的现代化铁路。

此外，在中肯两国合作建设蒙内铁路的全过程中，中方高度重视肯方对于环境保护和本地技术人才培养的需求，尽最大努力，为肯尼亚交上一份满意的答卷。在环境保护方面，特别是铁路在野生动物保护区的走向问题，中方在设计时一方面本着尽可能使新建线路与原有窄轨铁路和A109国道共用空间通道的原则，最大限度地减少新征土地，把对周边土壤、植被以及居民的影响降到最低限度，另一方面在内罗毕国家公园、察沃国家公园等路段采取以桥代路的建设方案，在桥下为野生动物的日常通过以及季节性迁徙，预留了充足的空间，用巧妙的设计理念和先进的施工技术，为肯尼亚寻求基础设施建设与环境保护之间的平衡，提供了完美的解决方案。针对肯尼亚对本地技术员工培训的要求，作为实际参建方的中国路桥集团确保大量的肯尼亚技术人员和工人实际参加铁路建设的每个环节，通过让中国技术人员与肯尼亚学员结成师傅与徒弟的固定对子，自办专业培训班以及送去中国技工学校、大学进修的方式，使所有肯尼亚员工都能够在铁路建设的不同工种之中，真正做到学有所成，全面掌握来自中国的技术、理念，为肯尼亚日后独自承担蒙内铁路运营以及主导其他现代化铁路建设工程，进行了必要的人才储备。

第二，蒙内铁路的运营。根据中国与肯尼亚两国之前达成的协议，蒙内铁路建成通车之后，同样由实际承建方中国路桥集团负责铁路的初期运营，运营时间初步定为10年。通过全盘引入中国铁路成熟的运管模式和经验，中国企业负责初期的运管和避免肯尼亚全盘接收后由于人员、技术等方面的不足而导致的管理低效率，让以车辆调度、行车组织等为代表的中国标准软件服务与以内燃机车、通信设备为代表的中国标准硬件设备实现有机融合，确保蒙内铁路在正式开通运营后能够像中国铁路一样保持高效率的安全运转，从而使之在尽可能短的时间内发挥其应有的社会和经济效益。

2017年6月1日，蒙内铁路正式开通运营，开创了肯尼亚以及整个东非历史上特大型交通设施项目从全面开工到完全建成的最短纪录。根据铁路的运营组织方案，蒙内铁路采取客货运列车混合开行的方案，其中图定客运列车两对，分别在上午和下午由内罗毕和蒙巴萨双向对开。货运列车主要采取集装箱班列的开行模式，由蒙巴萨的赖茨港区开往内罗毕的内陆集装箱码头。自正式开通以来，蒙内铁路的客货运输量持续稳定攀升，其中日均开行两对的客运列车受到持续追捧，上座率维持在90%以上，节假日会出现一票难求的情况；货运列车已经从最开始的日均两对，逐步增长到日均十对以上，开行的列车也从先前单一的集装箱班列，逐步扩大到包括粮食在内的散货运输。

截至 2020 年 2 月 24 日，蒙内铁路已经安全运营 1000 天，实现零事故率，客货运列车累计开行 1.3 万列次，运营里程 636.8 万公里，旅客发送量 417 万人次，货物发送量 77.1 万标准箱（TEU），运营公司内肯尼亚本地员工占比已经超过 80%，已经成为一条名副其实的黄金运输通道。

此外，在蒙内铁路的带动下，沿线的客货运输成本不仅大幅下降，而且肯尼亚的旅游业也得到快速发展。随着蒙内铁路"网红"地位的不断巩固，搭乘蒙内铁路在被肯尼亚本国旅客追捧的同时，也被誉为外国人到肯尼亚必须"打卡"的项目之一。随着内马铁路一期的顺利投运，蒙内铁路建设与运营过程中培训起来的众多肯尼亚本地技术人员将沿着新时代中非合作铺就的友谊之路，把便捷、高效、安全的铁路运输服务带到肯尼亚中西部内陆地区，不仅使越来越多的肯尼亚民众充分享受到中肯友好合作的红利，也将推动东非一体化进程在中非共建"一带一路"的大潮中焕发出新的活力。

（三）蒙内铁路的重要意义

作为中国与肯尼亚在"一带一路"倡议框架下合作的旗舰型项目，蒙内铁路的意义远远超出铁路本身，不仅是助推肯尼亚突破发展瓶颈的有效动力，更是系统展现新时代中非互利共赢合作的一扇窗口。

第一，疏通了肯尼亚交通运输脉络。蒙内铁路的顺利建成通车，有效地缓解了蒙巴萨至内罗毕交通运输紧张的局面。从蒙巴萨港口的货物集疏功能来看，随着作为蒙内铁路西端配套工程的内罗毕集装箱内陆无水港于2017年12月投入使用，蒙巴萨港日后将只负责承担进出口货物的装卸船工作，以集装箱形式装载的货物的报关与清关工作划归新投产的内罗毕集装箱内陆无水港承担。2019年10月内马铁路一期开通之后，运往乌干达、卢旺达、南苏丹等东非内陆国家的集装箱，可以直接借助蒙内铁路—内马铁路一期的联合运输，直接运往位于麦马修（Maai Mahiu）的集装箱中心站进行清关结算。与此同时，公路运输与铁路运输配套联运的格局开始形成，大量的运输卡车无须再前往蒙巴萨港，只需按照货运目的地，分别前往内罗毕、麦马修的集装箱内陆码头即可。总体来看，蒙巴萨港、内罗毕无水港共同分担货物进出口的局面开始形成，对于大幅减轻蒙巴萨港承担的繁重作业任务，有效减少货物在港口区域的滞留时间，具有明显的促进效果。从货物的运输方式来看，蒙内铁路每日开行的集装箱班列已经逐步取代A109国道上的卡车，成为两地之间货物的主要运送方式。原来在蒙巴萨港区外围以及内罗毕机场到市区南环路路段上的严重拥堵状况开始逐步减轻，不仅空气污染和噪声扰民的现象有所缓解，而且使货物在此区段的平均运输时间从先前的平均 30 个小时压缩到 10 个小时左右，大幅度提高了运输的效率和绿色环保程度。

得益于蒙内铁路带来的巨大运能释放，蒙巴萨至内罗毕的交通运输动脉获得了新生，整体的物流成本下降了约 40%，能够为肯尼亚贡献将近 1.5% 的经济增长。当前，在肯尼亚对外大力加强产能合作，对内大力加强产业园区建设来推动工业化和现代化发展进程的背景之下，物流成本的大幅下降和交通运输便利程度的稳步提升，将为资本、技术、人员、物资等生产要素的大规模自由流动，提供更为广阔的发展空间和承载平台，可大幅度增强肯尼亚国内市场的整体吸引力和竞争力，无论是对于推进肯尼亚的经济结构调整转型，还是巩固其在东非经济一体化格局中的领导地位和竞争力，都具有十分重要的意义。截至目前，肯尼亚已经将蒙内铁路作为国内骨干经济廊道进行规划，在沿线已经上马或者规划建设若干个物流、产业、科技园区，作为推动肯尼亚全面加强对外合作的试点窗口和发展平台。这些园区不仅将为蒙内铁路提供稳定的运输资源，而且将在蒙内铁路运能的拉动下步入快速发展的阶段，交通与产业的良性互动将共同把蒙内铁路塑造成肯尼亚乃至东非地区的一条发达的黄金运输通道。

　　第二，助推了东非的铁路设施联通建设。蒙内铁路所在的位置不仅是肯尼亚经济最为发达、人口最为稠密的地区，同时也是东非北部国际陆路通道的最东端，是乌干达、卢旺达、南苏丹等内陆国家通往印度洋出海口最为便捷的出行通道。根据肯尼亚和东非共同体的规划，蒙内铁路只是构筑从蒙巴萨港到大湖地区现代化铁路通道的一部分，肯尼亚、乌干达、卢旺达、南苏丹等国将相继规划建设自己的现代化标准轨铁路，并且推动实现各国铁路之间的互联互通。作为肯尼亚构筑北方通道的第二步，肯尼亚计划在蒙内铁路建成之后，继续向西建设内罗毕至马拉巴的现代化标准轨铁路，并且预留与乌干达新建铁路贯通对接的条件。蒙内铁路由于先行建设，且占位优势明显，因此具有"车同轨"的效果。2016年10月，内罗毕至马拉巴现代化标准轨铁路（内马铁路）一期工程正式开工建设，实质性地拉开了东非现代化铁路互联互通的大幕。

　　内马铁路与蒙内铁路完全一致，采取中国铁路Ⅰ级标准，由中国路桥集团负责实施建设与运营一体化。根据中国与肯尼亚合作制定的规划，内马铁路共分为近期、中期、远期三个阶段实施，其中近期建设一期工程由内罗毕至奈瓦沙，共120公里；中期研究建设二期工程，由奈瓦沙至西部最大城市基苏木，共计250公里，待一期项目建成通车之后，择机开工建设；三期项目为远期规划项目，由基苏木至肯尼亚与乌干达边境马拉巴，预留与乌干达规划建设的坎帕拉至马拉巴的现代化铁路对接贯通的条件，总长118公里，待二期建成通车之后，由肯尼亚和乌干达联合商讨具体合作与铁路贯通的事宜。

2019年10月16日，内马铁路一期正式建成通车。目前，内马铁路一期初期运营已经正常开通客运和货运服务，其中客运每日开行由内罗毕至恩贡（Ngong）、苏斯瓦（Suswa）的客运列车，最高开行频次达到日均四对列车，普通座位的最高票价为200肯先令（约合人民币14元）；货运主要开行由蒙巴萨港赖茨港区直通麦马修的内陆集装箱码头的集装箱班列。内马铁路一期的建成通车，不仅可以有效带动肯尼亚中部地区人员与物资流动，而且能够进一步放大蒙内铁路的辐射带动作用，为肯尼亚社会经济发展注入强劲动力。随着奈瓦沙至基苏木的二期项目以及基苏木至马拉巴的三期项目建设逐步提上日程，内马铁路一期将与蒙内铁路一起构筑起连通印度洋与大湖地区的铁路运输通道。

蒙内铁路的顺利建设与如期通车，为以内马铁路为撬动支点的东非铁路互联互通建设，探索和积累了宝贵的经验。内马铁路一期的顺利落成，不仅从理论和实践上再次证明了蒙内铁路建设和运营模式的科学性、必要性以及可行性，同时也为以蒙内铁路为桥头堡的东非现代化铁路全面互联互通的实现，进一步添砖加瓦。随着蒙内铁路客货运量稳步攀升，以及内马铁路一期与蒙内铁路贯通运营所带来的良好经济与社会效益越来越明显，肯尼亚开启的现代化铁路建设浪潮正在推动铁轨上的东非一体化的宏伟目标逐步照进现实。

第三，驳斥了西方对中肯合作的抹黑。蒙内铁路是中国与肯尼亚在"一带一路"倡议框架下合作建成的项目，也是目前"一带一路"倡议提出之后中国在非洲建成的投资规模最大的项目，代表着近十年来中国与非洲国家开展全方位互利共赢合作的最高水平。也正因为如此，在西方世界试图在非洲从舆论上围堵中国崛起以及中非合作深化可持续发展的背景下，蒙内铁路也自然成为别有用心的西方媒体、政客、非政府组织广泛质疑、无端攻击，甚至是刻意歪曲抹黑的重点对象，以期瓦解支撑中非合作的舆论基础。但从蒙内铁路建设的全过程以及运营后的实际情况来看，此项目不负众望，为助推肯尼亚社会经济发展以及深化中肯合作为代表的中非合作，交上了一份满意的答卷，有效地回击了西方的不实言论。

其一，蒙内铁路是中肯两国平等互利合作创造的成就，绝非中国"控制"肯尼亚的"新殖民主义"的体现。西方在谈及蒙内铁路之时，总是习惯性地拿与之平行的窄轨铁路来类比，特别是对比分析两条铁路的修建背景以及实际承建方，暗指中国参建铁路的真实目的与一个多世纪之前的英国没有区别，是为了通过增强对肯尼亚的"控制力"来谋求自己的"霸权"。然而，事实却恰恰相反，蒙内铁路不是中国违背肯尼亚人民意志强行修建的牟取私利的工具，而是肯尼亚旨在推动本国社会经济发展的"2030愿景"提出的旗舰型项目。中国的参与是在肯尼亚方面完全同意的背景下，以平等合作的方式开展，其中涉及的投资、建设与运营一体化的操作模式在本质上是以充分尊重肯尼亚的发展战略为前提，通过聚合在国内铁路设计、建设、运管方面的经验和模式，为肯尼亚直接提供现成的一揽子解决方案。事实证明，中国的参与帮助肯尼亚有效克服了殖民统治给国家留下的多个方面的发展瓶颈，顺利按计划落成了独立以来最大的交通基础设施建设项目，为本国的发展赢得了广阔的空间和宝贵的机遇。

其二，蒙内铁路代表着中国同期铁路技术的最高水平，绝非向非洲"倾销"过时技术的产物。西方在谈及蒙内铁路的时候，总是习惯与中国国内已经成型的高速铁路网相比较，认为在中国已经普及时速300公里/小时以上的高速动车组的背景下，仍然给非洲的合作伙伴修建最高时速只有120公里/小时的普通铁路，是通过将"过时技术"转移给非洲的方法，来缓解国内的生产过剩矛盾。事实上，这种观点是在故意混淆中国高速铁路、普通铁路概念而得出的错误结论，对中国运营着总里程世界第二的普通铁路网络视而不见，用不属于同一范畴的事物相互套用，给舆论传达出错误的信息。无论是从蒙内铁路本身的技术标准，还是从与之配套的车辆、信号、通信等方面来看，蒙内铁路的整体技术水平与中国普通铁路干线完全同步，甚至是超过国内中西部某些地区的干线水平。此外，蒙内铁路预留了进行电气化扩能改造的条件，等未来肯尼亚电力供应稳定或者铁路运量进一步增长时，可以考虑实施。这些特征都表明，蒙内铁路是中国用同步的普通铁路技术，充分满足肯尼亚现阶段发展需求的标杆性工程。

其三，蒙内铁路会给肯尼亚以及东非社会经济发展增添强劲动力，不会让肯尼亚陷入所谓的"债务陷阱"。西方普遍认为，中国在肯尼亚没有承担铁路建造的经济实力的前提下，坚持给肯尼亚以巨额融资支持，实际上为肯尼亚埋下了十分危险的"债务陷阱"。这种观点其实只局限于肯尼亚经济实力与铁路投资之间的断层，却忽略了各国推进现代化建设，特别是利用大型基础设施建设带动国家发展战略的特点，而且武断地认为铁路投产后难以产生相应的经济社会效益。然而，蒙内铁路安全运营1000天以来的成绩表明，无论是蒙巴萨港还是蒙巴萨至内罗毕之间的货物吞吐量和运输量分别呈现出快速增长的态势。铁路不仅给肯尼亚直接带来上万个就业岗位，拉动本国既有的建筑材料生产等产业的发展，而且使沿线物流成本大幅度降低40%，为全面优化肯尼亚国内投资环境，提升其开展国际产能合作，提供了有力的抓手。得益于铁路运输量的快速增长，蒙内铁路开通仅一年之后，不仅实现了肯尼亚政府对于铁路可以助推全国经济实现1.5%增长的预期规划目标，而且基本实现了成本与收益的平衡。由此可见，建设蒙内铁路是肯尼亚实现国家高质量发展的必由之路，未来不仅不会成为肯尼亚政府与人民的沉重负担，而且将会在国家发展的战略中扮演越来越重要的角色。

三 中乌辽沈工业园[*]

乌干达2018年为中国对非投资第三大目的国，且与中国已签署"一带一路"合作谅解备忘录。目前，

---

[*] 本部分作者安春英，中国非洲研究院编审。

乌干达正处于工业化发展初期，鼓励中国企业在乌干达投资兴建工业园，而辽沈工业园作为中企在乌干达投资兴建的颇具规模的主要工业园之一，有助于推进乌干达工业化发展进程，是 2018 年中非合作论坛北京峰会"八大行动"之"实施产业促进行动"的支点。为深入了解中乌产能合作中工业园模式在乌干达的发展情况，笔者于 2019 年 7 月 22 日赴乌干达辽沈工业园进行了实地调研。

（一）辽沈工业园的基本情况

中乌辽沈工业园是在乌干达总统穆塞韦尼和辽宁省人民政府的积极推动和支持下，由乌干达财政部和辽宁省外经贸厅正式授权，由乌干达张氏集团独家投资开发运营管理的乌干达国家级工业园区。乌干达张氏集团于 2015 年 6 月在乌干达注册成立了"乌干达辽沈工业园有限公司"，于同年 12 月奠基并正式开始运营。辽沈工业园采取"总体规划、分步实施"的开发策略，分期开发 5.2 平方公里的工业园区，一期 2.6 平方公里，二期 2.6 平方公里。

园区由中国建筑东北设计研究院有限公司完成，以吸引中国企业为主，打造综合性、复合式、国际化新型工业园区。以汽车制造及组装、汽车配件、家用电器、建材、轻工业、纺织、农产品加工及食品等产业为主导，利用乌干达当地丰富的资源和出口免税政策，面向 2 亿人口的东部非洲市场，辐射整个欧美地区及中国的广阔市场。园区建成后，计划到 2020 年吸引入驻企业不低于 50 家，建设总投资不低于 6 亿美元，形成工业产业多元化、生活配套齐、全物流等服务业便捷的现代化、国际化产业园区，并可为乌干达当地创造不低于 1.5 万个就业岗位。

乌干达尚无工业园区法，但乌干达政府为园区制定了相关优惠的免税政策，并督促政府部门给予工业园大力支持。如：为园区铺设由首都到园区的道路建设；为园区建立 220 千伏的变电站，并将电费由原 11 美分/度降至 5 美分/度；园区提供自来水直通到工厂，并由原来的 0.89 美元/吨降至 0.67 美元/吨，工作签证费从 2500 美元/年降至 400 美元/年；入驻园区企业获得 10 年企业所得税免征政策；园区企业建设期间的建筑材料与办公家具及车辆等操作机器将给予免税进口政策；园区企业生产原材料免税进口（不享受免税政策的目前由财政贴息解决）；园区享受自贸区政策的来料加工企业享受所有税务减免；园区内企业当地经营销售只需依法缴纳增值税。上述政策有利于辽沈工业园的稳步发展。

（二）工业园建设进展与初步成效

辽沈工业园现正在进行园区一期土地开发。截至

2019年6月底，园区建设取得阶段性进展。在基础设施方面，园区主要基础设施实现七通一平。园区内建设项目海关保税清关区已投入使用；已完成园区内26公里道路（在施工中目前可以满足车辆正常通行）与排水系统的基础作业；园区主电力配套已经完成10公里架接（33000千伏安）；园区内安保联防办公室已完工；园区内政府一站式服务中心及园区管委会办公建筑工程已完工，已进入内装修阶段，9月可投入使用。在招商引资方面，辽沈工业园采取在辽宁、浙江等地举办园区招商推介会等方式，大力进行招商引资。截至2019年6月底，招商企业13家（全部为中资企业），都是企业从园区购买规划好的土地后，自行修建，现有7家企业已投入生产，园区实际投资额约为1.2亿美元，其中张氏集团基础设施投资约为1400万美元。①笔者实地考察了旺康陶瓷乌干达有限公司、加加食品乌干达公司、禾土缘食品工业乌干达有限公司、中国义乌豪华纺织集团、圣爱光电科技有限公司。在目前园区投资最大的入驻企业——旺康陶瓷有限公司，看到当地工人在现代化瓷砖生产线上忙碌。笔者拿起还有些发烫的瓷砖，高厂长介绍道："公司现已投资3500万美元，有两条生产线，供应当地市场和周边邻国。"②

---

① 笔者于2019年8月6日微信访谈辽沈工业园董事长张皓。
② 笔者于2019年7月22日对旺康陶瓷有限公司高厂长的访谈。

禾木缘食品工业乌干达有限公司现主要生产芒果干、菠萝干、芒果罐头、牛肉干等，工厂总投资1000万美元，现已完成投资额的40%。日加工芒果干20吨，产品90%出口到中国，10%在当地销售。

园区运营虽刚刚起步，但已为乌干达经济与社会发展做出了很大贡献。①

在经济效益方面，其一，园区企业尽其所能在当地采购原材料、设备、零部件等，与当地供应商和代理商建立合作伙伴关系，带动当地经济的发展。2018年，园区从当地采购货物总值750万美元；2019年1—6月为650万美元。例如，旺康陶瓷生产原料90%取材于当地，利用当地高岭土生产瓷砖；禾木缘食品企业生产全部使用本地农产品。其二，园区伴随着经营活动的开展，创造产值，同时向当地政府部门缴税。2018年，园区创造产值1250亿美元；2019年1—6月为1580万美元。辽沈工业园同样也为当地贡献了税收。2018年，园区上缴乌干达政府各项税费48.6万美元；2019年1—6月为113.5万美元。其三，随着辽沈工业园的兴起和越来越多的制造型企业入驻，当地的食品加工、纺织、建材耗材、电器制造、轻工业商品生产等相关产业的发展水平得到显著提升。例如，瓷砖厂改变了乌干达瓷砖完全依赖进口的历史。

---

① 感谢乌干达辽沈工业园提供相关数据。

在社会效益方面，其一，入区企业均为劳动密集型企业，实行属地化经营模式，为当地人创造了就业机会，使他们参与经济活动而拓宽收入来源，有助于帮助减贫。辽沈工业园严格遵守乌干达劳动用工的法律法规，坚持属地化经营战略，积极推进员工的本地化。截至 2019 年 6 月底，园区共为 2240 人提供了直接就业岗位，其中东道国创造就业岗位 2000 个，中方员工 240 人，员工本地化率为 88%。笔者调研时恰逢乌干达水果上市淡季，据禾木缘食品厂负责人关厂长介绍："企业吸纳当地就业人数会随水果产出淡旺季而浮动，旺季时当地人员达 350 人，现在岗员工为 150 人。"① "不仅如此，该厂还与当地农民签订芒果种植定向合同，提供优良的树苗品种和必要的种植技能培训，优化果实产量和质量，由此为当地 6000 个果农家庭提供了稳定的收入来源。"② 辽沈工业园董事长补充道。正如园区附近 Kapeeka 乡 Nalumunye 村村民 Richard Ssendege 所言，"园区建立后，我可以把芒果直接卖给食品加工厂而获得收益"③。其二，园区通过在岗培训等方式，为当地培训了一批具有专业技能的产业工人，有助于在一定程度上改善当地人力资源素质。

---

① 笔者于 2019 年 7 月 22 日对禾木缘食品厂负责人关厂长的访谈。
② 笔者于 2019 年 7 月 22 日对辽沈工业园董事长张皓的访谈。
③ Dan Wandera, "Nakaseke's Industrial Park, Business Hub Take Shape", *Daily Monitor*, May 16, 2019.

至 2019 年 6 月底，园区共为 3000 名当地员工提供各类技术培训。经过半年时间的培训，这批当地员工就可以正式上线进行运动服等服装加工。其三，园区在从事运营服务或生产活动的同时，还通过捐资、修缮学校等扶贫济困形式，积极参与当地社区发展的公益事业，从而惠及当地民众，促进当地民生的改善。2018 年 1 月辽沈工业园向乌干达东部卢卡区教育项目捐赠了价值 0.68 万美元的物资；2018 年 3 月植树节，辽沈工业园同园区附近的卡培卡镇组织 Standard 中学师生一同开展"美化家园"植树活动，提供折合 1 万美元的树苗；旺康陶瓷乌干达有限公司为卡培卡当地学校捐助价值 0.55 万美元的助学物资；等等。

辽沈工业园从投资到开发建设到招商再到服务仅有三年多时间，得到了乌干达政府与当地民众的认可。乌干达总统于 2018 年 2 月 13 日莅临辽沈工业园，在禾木缘芒果生产车间，品尝了用当地芒果加工而成的芒果干，竖起大拇指并称赞"乌干达好味道"（good taste made in Uganda）。① 这体现了乌干达政府对园区目前发展的肯定。2019 年 7 月 2 日，塞拉利昂总统在访问乌干达时，专访了辽沈工业园，表示辽沈工业园已逐渐成为乌干达标志性产业发展项目而得到广泛关注。

---

① Samuel Kanyike, "Museveni Asiimye Bayinvesita", *Bukedde*, Feb. 15, 2018.

辽沈工业园建设至今，基本达到了"产业促进"预期目标。从乌方情况看，对促进乌干达制造业发展、增加乌方经济和社会收益方面均有积极作用；从中方来看，现有13家中企入驻园区，"有利于带动中国产业走出去"，2018年辽沈工业园带动中国从乌干达进口30万美元货值，对乌克兰出口额高达1.4865亿美元。

（三）辽沈工业园面临的挑战

辽沈工业园发展也面临着瓶颈。其一，乌干达政府基础设施配套建设速度过慢（主要原因是乌干达地方财政资金不足）。比如，专项电力的铺设，仍然还有2公里的路段无法完工。自来水管道窄小，如果加大压力会爆破，如果压力小，由于用水量的增大，水流较小。主路到园区的道路一直未修复完善。其二，乌干达政府对于开发园区没有经验，现未出台相关法律，很多的事项审批没有先例，导致审批进展过慢。其三，企业融资成本过高，国内及当地都没有便捷而优惠的融资渠道。园区投资和收益具有初期投资大、直接回收慢的特点，这是企业开发建设境外经贸合作区面临的最大挑战。合作区的开发建设需要承办企业持续的强资金投入，企业投入越多，就越难以自拔，一旦企业资金链发生断裂，园区的建设将难以维系。无论是园区投资运营方还是入园企业,① 在海外的资产均不可用企业贷款抵押,这就大大增加了企业资金投入压力。其四,缺少有海外工业园的企业共同开发园区。辽沈工业园从投资到建设,一直是由乌干达张氏集团独立投资,毕竟势单力薄。如果有国内建设工业园丰富经验的企业进驻,会增加其盈利能力,并且项目会增速发展。

从目前辽沈工业园的发展来看,恰处于最艰难的投入和培育阶段。若能解决上述问题,随着合作区入驻企业的增多、企业效益的增长,必定会显现园区开发企业优质服务的规模经济效益。而且,不容否认的是,推动中非产能合作已被列为"一带一路"倡议和中非合作论坛北京峰会"八大行动"之首,而境外工业园是中非产能合作的有效载体,且是中国民企出海发展的重要平台,亦是带动当地经济发展的"引擎",境外产业园区发展受阻必然会影响中非产能合作和非洲产业发展的顺利进行。

(四)深化合作的建议

辽沈工业园作为中国"实施产业促进行动"

---

① 按照辽沈工业园的规定,入园企业需租用不少于5英亩的用地,每英亩交纳15美元租金;厂房建筑面积不低于6000平方米,每平方米建筑费用约为120美元。再加上企业生产所需设备和流动资金,所以入园企业初期资金投入较大。

(2018年中非合作论坛北京峰会"八大行动"之一)的支撑点之一，完全契合"鼓励中国企业扩大对非投资，在非洲新建和升级一批经贸合作区"之要义。主要表现在：辽沈工业园是在中国政府提出"一带一路"倡议、鼓励中企加强对非投资的背景下创立的；现已入园的14家企业涵盖食品加工、建材耗材、轻工业商品生产等多项劳动密集型加工业，有力地带动了中国优质富余产能走进非洲，由中国制造转为非洲制造，既有利于中国产业结构调整的需要，也有利于为非洲当地创造就业、推进工业化发展之迫切所需，[①]有力地支持了非洲国家更好地融入全球和区域价值链。因此，辽沈工业园发挥了产业集聚效应。

在推动中非产能合作方面，工业园发挥了桥梁和纽带作用。为推动工业园在非可持续发展，现提出以下建议。

第一，从战略高度明晰境外工业园在中非产能合作中的重要作用，有助于中非经济合作从贸易向投资升级。根据商务部的数据，目前，民营企业占据中国对非投资企业数量和金额的70%以上，已经成为对非投资合作的主力军。境外工业园提供的"一站式"出

[①] 2013年4月，乌干达国家规划局颁布《2040年愿景发展战略》，第七条即"加速工业化进程，通过产业升级和多样化实现本地资源有效利用"。

海服务，为国内民营制造业更快走进非洲提供了良好的投资平台，有助于当下正处于困境的民营企业实现产业转移、开拓海外市场，寻找新的生存与发展空间。

第二，推进政府、企业、研究机构、规划设计单位的通力合作，整合相关资源，取长补短，形成合力，巩固中国在乌干达工业园投资的先入者优势。[1] 事实上，乌干达目前没有成熟的经济特区。根据乌干达国家发展战略，计划未来五年（自2016年起）在全国建设25个工业园。[2] 除了中国企业在乌干达已建立工业园以外，尚无其他国家在该国建园。但值得注意的是，韩国、日本企业已有意择机建园。[3] 因此，为使中国企业工业园先机之利得以持续，建议政府相关部门发挥工业园区项目的倡导者、主导者和高级协调者的作用，保持与企业、学界的沟通，设立有关工业园的研究项目，了解企业的诉求，协调规划设计单位参与经贸合作区的基建项目，努力营造有利于中非经贸合作区发展的外部政策环境。

---

[1] 先入者优势（first-mover advantage）是指在博弈中首先做出战略选择并采取相应行动的参与者，可以获得较多的利益。
[2] Pascal Kwesiga, "Uganda Exporting Tiles", *Saturday Vision*, Sept. 15, 2018.
[3] 2019年7月23—26日，韩国好丽友集团到辽沈工业园进行了考察。

第三，尝试采用境外工业园开发建设与中国政府对非部分援助项目的结合。2019年中非合作论坛北京峰会"八大行动"之五"实施能力建设行动"提出，"在非洲设立10个鲁班工坊，向非洲青年提供职业技能培训"。中方在实施上述对非培训项目时，可适度关切在非工业园的发展需求，有针对性地进行入园急需劳动技能的培训，这会在一定程度上减少入园企业的投入成本，缩短技术培训期。① 又如，在园区设立孔子学院或孔子课堂，充分利用当地人员聚集于园区的特点，教授内容包括中国企业文化等，加深合作区内文化融合度，保证实际工作的顺利进行。

第四，充分考虑境外工业园对促进中国经济发展与中非关系的贡献，帮助企业解决融资问题。从辽沈工业园对中国民企"走出去"的贡献看，截至2019年6月底，中资企业入驻13家，带动国内设备和原材料出口，已彰显境外工业园的海外投资平台作用。与此同时，园区开发企业均存在不同程度的资金掣肘问题。当下，园区运营方或生产企业只能通过自有资金和企业的其他盈利投入项目，虽然后续随着招商工作展开，可获得部分管理费和土地租赁费，但远远不足以支持

---

① 2019年7月22日，笔者在辽沈工业园入园企业中国义乌豪华纺织集团进行调研时，该厂负责人叶份明谈到，入厂女工培训期为6个月。培训期间，工人不仅每天可得到6000乌干达先令（1元人民币约合530先令），还要消耗大批量练习用布匹。

项目的投入，目前已面临影响项目后续进展的局面。为此，政府部门为园区开发企业和入区企业搭建银企合作的平台，如促进与中国进出口银行、中非发展基金等金融机构的合作，则为迫切所需。

四　乌干达麦克雷雷大学孔子学院[*]

孔子学院作为展示中国形象和文化的非营利文化机构，在促进"民相亲、心相通"方面承担着重要角色，亦是落实2018年中非合作论坛北京峰会"八大行动"之七"实施人文交流行动"的路径之一，其核心是推动汉语教学。就非洲大陆而言，截至2018年12月31日，在全球147国548所孔子学院中，非洲在43国设立了59所孔子学院。乌干达麦克雷雷大学孔子学院（以下简称"麦大孔院"）设立时间较晚，但发展成效显著，2018年荣获全球"先进孔子学院"。为此，笔者于2019年7月16—19日赴麦大孔院本部和鲁扬子中学教学点进行了实地调研，了解该孔院在促进中乌人文交流方面的具体情况。

（一）麦大孔院成立的背景

2010年，湘潭大学与麦克雷雷大学开始在"中非

---

[*] 本部分作者安春英，中国非洲研究院编审。

高校 20 + 20 框架下"结对合作，从而也开启了长达四年的孔子学院申办历程。在中国驻乌大使馆和麦克雷雷大学的支持下，湘潭大学最终与麦克雷雷大学达成合建孔院的意向。2014 年 4 月 4 日，麦大孔院收到《国家汉办关于同意湘潭大学承办麦克雷雷大学孔子学院的函》。汉办在批示函件中明确指出：希望湘潭大学"遵守《孔子学院章程》及相关规定，充分调动校内资源，发挥整体优势，努力把该孔子学院办成当地汉语教学和中外综合交流的重要平台"[①]。

2014 年 8 月，孔院正式启动汉语教学，开设汉语辅修本科专业班和短期兴趣班。除本部外，还在乌干达西部的月亮山大学设立了教学点。当年招生 108 人。2014 年 8—11 月，孔院中方院长、汉语教师和汉语教师志愿者陆续赴任。2014 年 12 月 19 日，麦克雷雷大学孔子学院正式揭牌，乌干达副总统塞坎迪特别代表与时任中国驻乌大使赵亚力出席揭牌仪式。孔院首任中方院长为湘潭大学法学院非洲研究专家洪永红教授（2014 年 12 月至 2018 年 12 月），现任中方院长为夏卓琼教授（2018 年 12 月以来）；乌方院长为奥斯瓦尔德·恩多莱里尔（Oswald Ndoleriire）教授（2014 年 12 月以来）。

---

① 笔者于 2019 年 7 月 17 日在麦大孔院调研访谈时，中方院长夏卓琼教授提供的函件扫描件。

(二) 麦大孔院取得的成效

2014年至今,麦大孔院已走过五年历程,在推进汉语教学、增进中乌相互了解与认知方面取得了以下进展。

第一,汉语教学受众人数迅猛增长。至2019年7月,麦大孔院除了麦大本部以外,还设有鲁扬子中学、乌干达国际学校、珠穆朗玛学校、中水电卡鲁玛项目部、恩塔雷中学等七个校外教学点,主要集中在首都坎帕拉地区,乌干达西部和西北部也有布点。近五年来,麦大孔院发展迅速,由最初的30多名学生,发展到现在的约6000人(参见图1),中国与中华文化传播力随之得以迅速扩大。对于学习汉语的动因,来自Kyambogo大学二年级化学工程专业的短期班学员Twomo Brandon Obace谈道:"中国的制造业很发达,希

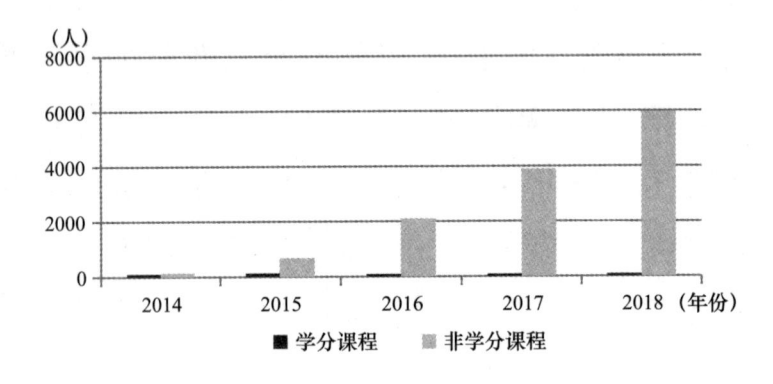

图1 麦大孔院历年注册学员数

望大学毕业后能到中国高校去读研究生；现在中国企业在非洲的投资者越来越多，待学成回国后，我希望能在中资企业工作，而了解中文和中国文化，就可以更好地在中资企业工作。"①

第二，教学内容愈加丰富，且汉语已被纳入乌干达国民教育体系。麦大孔院现设有学分课程和非学分课程，前者主要是汉语辅修本科专业课，每年30人，每期学习时间为每周6个小时，共2个月，学员包括麦大或乌干达其他高校在校生。非学分课程包括短期兴趣班课程、华人少儿班课程、本土汉语教师培训课程、中小学汉语课程。此外，2018年应中水电卡鲁玛项目实际需要，麦大孔院派教师进驻企业，开设了"汉语+职业技能教育"课程。值得注意的是，2018年12月，乌干达教育与体育运动部审批通过孔院组织专家编写的乌干达中学第一阶段汉语教学大纲，这标志着汉语课程正式进入乌干达国民教育体系。中文进入乌干达中小学课堂，意味着汉语语言教育在乌干达步入机制化轨道，乌干达青少年接受汉语及其背后隐含着的中华文化，将产生"润物细无声"的长远影响。

第三，大规模集中封闭式培训本土中文教师，使麦大孔院成为首个进行海外试点的孔子学院。为推动汉语课程进入乌干达国民教育体系，在国家汉办/孔子

---

① 源于笔者2019年7月17日在麦大孔院的访谈。

学院总部和乌干达教育与体育运动部支持下，麦大孔院从乌干达汉语教学实际情况出发，设计了"乌干达本土汉语教师培训项目"，并于 2018 年 3 月启动。项目目标为培训 100 名乌干达中学本土汉语教师。学员分三期进行培训，每期学时 9 个月，采用集中封闭学习，包括中文综合、听力、口语、书写、中国历史文化等国情知识，以及中文专业知识、教学技能、教学法等，结业时达到中文水平考试（HSK）三级或四级水平，掌握基础汉语知识，具有中级汉语听、说、读、写能力和一定的汉语教学技能，具备从事乌干达中学汉语教学的能力。2018 年首批 33 名学员已顺利结业。

该项目教学点鲁扬子中学校长王丽红慨言："学员们自愿报名参加中文学习，且学习主动性很强，很多学员从早上 6 点到晚上 10 点在教室听课或自习。"[①] 在 2019 年 7 月 19 日举办的中国文化节上，学员们踊跃参与中文知识竞赛、写毛笔字、练太极、弹古筝、包饺子等活动，学员们在两分钟内审题（中文题目）并准确回答三个问题，如"中国的文房四宝是什么""中国境内分布最多的少数民族是哪一个"等，令旁观者惊叹。一些学员在写毛笔字时，运笔流畅地写下了"我非常喜欢汉语"几个大字。这三期学员毕业

---

① 源于笔者 2019 年 7 月 16 日在麦大孔院鲁扬子中学教学点对王丽红校长的访谈。

后，将在100所乌干达中学教授汉语。目前，培养本土中文教师是孔子学院的重要任务之一，麦大孔院汉语推广通过"乌干达本土汉语教师培训项目"播下了稳定的中文师资的种子，使之获得强劲的自我发展能力。这一全新的教学模式被麦大孔院首任院长洪永红认为："给乌干达留下了一支'带不走'的中文教师队伍，从而帮助更多乌干达人学习中国语言，体验中国文化。"①

第四，开设了电视汉语教学。2019年3月，麦大孔院与中国大使馆以及乌干达最大官媒集团《新景报》（New Vision）合作，在其旗下的城市频道（Urban TV）开设了一档名为《我们说汉语》（Let's talk Chinese）的电视汉语教学节目，每周日晚播出半小时。该节目主持为麦大孔院教师王小娟和阿波罗。

第五，举办夏令营、文化节、学术活动等，推动中乌文化交流互动。截至2019年6月底，中方共组织学员团4组（共78人）、教育工作者团3组（共40人）、留学生团1组（17人）赴华进行交流，②加深了他们对中国的感性认知与对中国国情的理解。此外，麦大孔院还主办或承办了欢乐中国杂技秀、华人春节

---

① 张改萍：《一支"带不走"的中文教师队伍》，《人民日报》（海外版）2018年6月17日。
② 根据麦大孔院所提供的资料。

联欢会、中国电影周、恩塔雷中学文化节、乌干达第三届国际龙舟赛启动仪式、孔院五周年纪念日话剧节等文化活动,中国年汉语文化挑战赛、汉语桥世界大学生中文比赛乌干达赛区初赛/决赛、趣味汉字听写大赛、短期班汉语演讲比赛等语言文化竞赛,以及中秋节与中国传统文化赏析、乌干达首届中学汉语教学研讨会、乌干达中学校长汉语教学促进会等学术活动。上述活动均有助于中华文化的传播。

(三)麦大孔院面临的问题

第一,办公室、教室与教学配套设施严重不足,招生规模受限,培养质量受限。麦大孔院由住宅楼改造而成,并无规范教学与办公场所。目前,孔院本部仅有三间教室,一间为客厅改造,一间为车库改造,还有一间为使馆捐建移动板房。每间仅放置座椅,最多容量不超过30人。据中方院长夏卓琼介绍,"遇到上课人数比较多时,我们有时把课堂移到室外"[①]。此外,语言教学不仅需要课堂讲授,还需要有语音设备进行多样化教学。但是,"简陋的教学条件使学员的汉语教学培养质量受限,这是目前我们碰到的最大难题"[②]。

---

① 2019年7月17日,笔者在麦大孔院调研时,夏卓琼院长如是说。

② 2019年7月17日,笔者问及麦大乌方孔院院长"您认为孔院发展目前面临哪些问题?"时的回答。

乌方孔院院长奥斯瓦尔德·恩多莱里尔深有感触地坦言。

第二,乌干达汉语教师需求与孔院可提供的智力支持之间存在巨大缺口。乌干达现有 5000 余所中学,其中 2000 余所为完全中学。2018 年底,中学第一阶段汉语教学大纲审批通过;2019 年 2 月,第一批 30 所中学试点汉语教学,其教师来自孔院 2018 年举办的第一期本土汉语教师培训班。根据最初的目标,孔院将为乌干达培训 100 名本土教师,分三期进行。但从现状来看,为保障中学汉语教学的可持续性进行,这 100 名教师最多可支持 50 所学校的汉语教学,仅能覆盖不到 1% 的中学。麦大孔院为了解乌干达中学的汉语教学现状及本土汉语教师需求和教学现状,对乌干达的 41 所中学校长发放了调查问卷(收回 34 份),其结果是:关于学校情况,在 34 所学校中,有 5 所学校目前没有汉语老师,其他 29 所学校有一到两位汉语老师;关于本土教师需求情况,有 29 所学校需要 1—3 名本土汉语教师,2 所学校需要 4—6 名本土汉语教师;关于本土汉语教师需要再接受培训的需求,2 所学校不需要,10 所学校需要 1—3 个月职业培训(脱离工作),15 所学校需要 15—30 天的假期培训(不脱离工作),6 所学校需要半年至一年的全职培训(脱离工作)。① 实际

---

① 根据麦大孔院提供的资料。

上，2019 年麦大孔院仅有 33 名教学人员，其中汉语教师和志愿者 32 人（其中汉语教师 10 人），本土教师 1 人，供需矛盾较为尖锐。

目前，乌干达国家课程发展中心正在启动在中学第二阶段汉语教学需求的调研，希望汉语教学同样能进入中学第二阶段，可以预见乌干达面临的汉语教师缺口巨大。

第三，麦大孔院中方人员人身安全存在隐患。乌干达虽政局稳定，在首都地区鲜有暴恐活动，但涉及人身安全的盗抢事件时有发生。而麦大校方提供给孔院中方教职员工的校内住宿房间有限，绝大部分中方教职人员在校外租住。由于坎帕拉公共交通不发达，中方教职人员（以 25—35 岁的女性教职人员为主）只能通过乘坐私人摩的方式往返学校。中方教职员工分散住宿在校外，不仅增加了教师管理难度，而且个人安全风险大大增加。

第四，乌干达主要媒体肯定麦大孔院在推动中乌文化交流方面的积极作用，但亦不乏负面舆情。2019 年 3 月 29 日英国 BBC 坎帕拉当地记者 Catherine Byaruhanga 发表了《给乌干达带来汉语本土教学的女人》一文。记者采访了"乌干达本土汉语教师培训项目"教学点负责人王丽红女士，并简介了该项目的一些情况。然后，借用乌干达经济学者 Fred Muhumuza 的言论，提出:"中国接管了非洲的资源，甚至接管了非洲的语言文化且独霸非洲，这是中国帝国主义吗？"[①]

与坦桑尼亚、肯尼亚等东非国家相比，乌干达与中国关系更为友好，希望借鉴中国发展经验，密切双方互利合作，其中人文交流是中乌合作的基础，乌方对汉语及中国文化了解需求较为强烈。麦大孔院囿于办学条件、师资供需缺口以及忧于人员安全，无法充分利用汉语被纳入乌干达国民教育体系的契机，不利于汉语教学在乌干达走深走实，不仅使汉语传播受众数量受限，而且教学质量亦会大打折扣。另外，孔子学院在海外的设立会不可避免地与当地语言文化产生联系和碰撞，在非洲尤其会引起所在国原宗主国或其他域外大国的强烈关注乃至质疑，并制造杂音。在乌干达，其影响力当下虽难以撼动乌干达政治精英或当地广大民众对中国的主流看法，但仍需足够重视。

（四）深化合作的建议

总体来看，麦大孔院在编写汉语课程大纲、开发本土汉语教材、培养本土汉语教师、传播中华文化等方面取得了一定进展，基本达到了设立孔子学院的预期目标，有力配合了2018年中非合作论坛北京峰会"八大行动"之七"实施人文交流行动"。例如，麦大

[①] https://www.bbc.com/news/amp/world-africa-47657451.

孔院乌方院长恩多莱里尔亲历孔院建立到今天的过程，由衷地说："孔子学院在乌干达设立，学员人数由少至多，体现了汉语和中国文化的魅力，加深了学员对中国的认知。"① 对于麦大孔院 2019 年新开设的《我们说汉语》节目，观众亦有积极反馈。Ryan Edward 说："《我们说汉语》这个节目对我的工作很有帮助，因为我在宾馆工作，我的客户有很多是中国人。"② Alias 说："我可以通过这个节目了解中国人和中国文化，我希望能够去中国。"③ 与此同时，我们也应注意到，语言教育和文化传播是自然而然的过程，是"随风潜入夜，润物细无声"的过程，具有长期性，汉语言文化推广在乌干达只是初步立足。为推动乌干达麦大孔院可持续发展，需要在以下方面着力。

第一，以非洲国家需求与服务于中国国家总体外交为导向，优化孔子学院在非洲的布局。目前，中国在非洲有 7 国设有 2 个以上孔院，覆盖非洲的东、西、南、北。乌干达虽国土面积仅有 24 万平方公里，但人口密集，有 4400 万人口。加之，近年中乌关系日益密

---

① 2019 年 7 月 17 日，笔者到访麦大孔院，乌方院长恩多莱里尔介绍了孔院基本情况，并简要评论。
② 参见 2019 年 3 月 10 日 YouTube《我们说汉语》第一集下方观众评论。
③ 参见 2019 年 4 月 14 日 Facebook《我们说汉语》第六集下方观众评论。

切，已与中国签署了"一带一路"合作协议，乌干达系中国在非第三大投资目的地（2018年），中企在乌干达投资活动与埃塞俄比亚、肯尼亚、坦桑尼亚（上述三国均有2家以上孔院）一样均较为活跃，乌方对汉语需求增长供需缺口增大。鉴于此，在孔院审批名额有限的情况下，汉办可引导国内高校在乌干达申办第二家孔子学院。

第二，破解办学硬件困境。麦大校园尚有可利用空间，建议中国汉办、中国国际合作署、麦大孔院等方面进行协调与沟通，择合适位置新建麦大孔院综合办公场所、生活服务场所，包括教室、语音室、文化体验室、教职工宿舍等，为学员创造良好的学习环境。动员在乌中企力所能及捐献教学设施。中方教员在校园内生活，既可以减少他们的人身安全风险，也可以密切教员与学生的接触，提升汉语言文化传播效果。

第三，以提质增效、内涵发展为动力，提升孔院发展质量与社会效益。在过去五年，汉语教学已被纳入乌干达国民教育体系。未来，推动汉语教学进入高等教育学位课程将使孔院发展步上新台阶。据夏院长介绍，为了更好地学习中国和亚洲文化，孔院正在申请在麦克雷雷大学推出"汉语和亚洲研究"本科专业，未来还将推出汉语硕士课程。[①]

[①] 源于笔者于2019年7月17日对麦大孔院夏卓琼院长的访谈。

第四，推动汉语教学从语言普及向服务多种社会需求务实发展。以市场需求和就业为导向，统筹乌干达全国不同人群汉语学习需求，开发层次多样、类别丰富的汉语教学、学术交流与文化交流项目。例如，根据在乌中企实际需求，孔院教师入驻企业，不仅教授当地员工日常沟通所需汉语，而且教学内容与企业文化行为相结合，有利于减少中乌企业文化摩擦，提高企业经济效益和社会效益。

第五，以本土化为发展方向，加快乌干达本土汉语教师队伍建设。正如乌干达国家课程开发中心主任格蕾丝·巴谷玛所言："这里的每一名本土教师都是中文在乌干达传播的'星星之火'，是中文教育在乌干达发展的最坚固的基石。"[①] 缩小乌干达汉语教学供需矛盾的利器是继续办好本土汉语教师培训特色项目，最终实现汉语教学的本土化。为此，一方面，国家汉办和乌干达方面均需适当加大对此项目的资金投入，改变由中方单方面资金支持的局面；另一方面，此项目可与2018年中非合作论坛北京峰会"八大行动"之五"实施能力建设行动"相对接，即在落实"为非洲提供5万个中国政府奖学金名额"时，可考虑给本土汉语教师培训项目优秀学员提供30个名额，培养他们

---

① 张改萍：《一支"带不走"的中文教师队伍》，《人民日报》（海外版）2018年6月17日。

成为当地汉语教师的"头雁",推动他们带动受训群体汉语水平的整体提升。

第六,优化舆情环境。在信息化时代,媒体戴"有色眼镜",选择性失明,蓄意制造虚假或误导信息的行为激增。对此,我们一方面要摒弃"只做不说"的传统信条,正视多媒体时代的特点,掌握自身行为的话语权,与非洲国家和西方国家媒体开展增信释疑工作,择机发布孔院主要活动信息,减少或消除相关媒体的疑虑。另一方面,充分发挥孔院外方院长的作用,多由非方院长回应相关问题,或发表孔院相关活动的效果。非洲学员也可以亲身经历来策应相关问题。

五　苏丹港口建设[*]

非洲是世界第二大大陆,整个大陆的海岸线长达30500公里,众多天然良港分布在非洲漫长的海岸线上,这些优良的港口是非洲与世界其他地区进行商品贸易、人员往来的重要门户。但长期以来,由于政治不稳定、经济发展滞后、军事冲突等多重因素的影响,非洲国家的海港建设总体仍处于较低水平,不仅港口规模普遍较小,基础设施建设和配套服务也都较

---

[*] 本部分作者刘林智,中国非洲研究院助理研究员。

为落后,[①] 从而在一定程度上阻碍了非洲地区的对外联通和经济发展。

作为非洲最为真诚、紧密的合作伙伴,中国长期以来一直致力于提升广大非洲国家的基础设施建设水平,港口建设合作是中国投资、参与非洲基础设施建设的重要组成内容。随着"一带一路"倡议的提出和中非"八大行动"合作规划的深入推进,携手共建"21世纪海上丝绸之路"成为中国与非洲的重要战略共识,中国与非洲国家的港口建设合作也得到更为广阔的发展空间。近年,中国企业先后参与了埃及塞得港、尼日利亚莱基港、科特迪瓦阿比让港、喀麦隆克里比港、纳米比亚鲸湾港、安哥拉洛比托港、吉布提共和国吉布提港等非洲重要港口的建设工作。在中国参与建设的一系列非洲港口工程中,地处红海之滨的苏丹港具有建设时间长、承揽项目种类多样、经济和社会效益突出等特点,成为中非港口建设合作中具有代表性的案例。

(一) 苏丹港基本情况

苏丹港 (Port Sudan) 位于苏丹共和国东北部,毗邻红海,是苏丹红海州的首府,也是苏丹最为主要的

---

① 甄峰等编著:《非洲港口经济与城市发展》,南京大学出版社2014年版,第19页。

港口城市。苏丹港始建于 1905 年，最初是作为喀土穆（Khartoum）到红海的铁路运输线的一部分而建造，其建成对联动苏丹内地和外部世界起着至关重要的作用。自苏丹独立后，苏丹港经过多次修建和扩建。1974 年，苏丹政府成立苏丹港务局（SPC），使苏丹港有了专门管理机构。1978 年，在国际开发协会贷款援助下，苏丹港增加深水泊位和滚装式集装箱。其后，苏丹港通过改扩建工程拆除了部分失去用途的铁轨，修建了便于车辆进出港口的通道，并用清理出来的场地建造了货物储存场。① 到 20 世纪 80 年代，苏丹港周边的交通线已比较发达，有铁路、公路与喀土穆和其他城市相通。

苏丹港地理位置优越，其地处红海航线中心段，不仅是联结苏丹广大内陆国土和世界其他地区的重要门户，也是乍得、中非等苏丹内陆邻国的重要对外贸易通道。同时，苏丹港还是苏丹及周边国家进行石油运输的重要节点，绝大部分苏丹出产的石油须经苏丹港输送到世界其他地区。2011 年南苏丹独立后，苏丹失去 70% 以上的石油储量，但南苏丹出产的大部分石油仍需经苏丹境内的输油管线向外输送，苏丹港到目前为止仍是南苏丹原油最主要的出口渠道。此外，苏

---

① 刘鸿武、姜恒昆主编：《列国志·苏丹》，社会科学文献出版社 2008 年版，第 282 页。

丹港以南约 65 公里处坐落着苏丹第二大深水港——萨瓦金港（Port of Suakin）。萨瓦金港曾是苏丹的主要通商口岸，港口于 20 世纪 80 年代开始建设，但在尼迈里（Gaafar Mohamed Nimeri）政府时期工程进展缓慢，直至 1991 年才建成并开始运行。目前，苏丹港 20% 的运输量正在转往萨瓦金港，[①] 苏丹港和萨瓦金港已形成联动发展态势。

苏丹港虽然是苏丹最为重要的港口，但直至 20 世纪 90 年代，苏丹港的整体规模仍然十分有限，老码头只能停驻几千吨级的货轮，其他配套设施也较为陈旧落后，泊位拥挤、船只长时等候的情况时常发生。随着中苏港口建设合作的推进，苏丹港进入快速发展期，其规模与吞吐量在东北部非洲已处于领先地位，正在成为东非和红海沿线的重要海运枢纽。

（二）中国参与苏丹港项目建设的进程

自 1959 年建交以来，中国与苏丹的关系一直平稳发展，两国在政治、经济、文教等各领域的合作得到持续推进。1989 年巴希尔（Omar al-Bashir）政府执政后，虽然推行了一系列经济改革措施，但由于受到西方国家制裁、长期内战等因素的影响，苏丹经济发展

[①] 田晓娟：《苏丹经贸文化》，社会科学文献出版社 2017 年版，第 44 页。

仍未能从根本上摆脱困境，国家建设的步伐也较为缓慢。与西方国家不同，中国在对外交往中的一贯立场是不干涉他国内政，并在平等、互信的基础上与其他国家发展正常外交关系。在这一背景下，中国与苏丹的关系继续保持良好发展态势，苏丹政府也积极支持中国企业参入苏丹各项基础设施建设工程，从而为两国推动苏丹港建设的相关合作打下了基础。

在苏丹港合作建设项目中，中国港湾工程有限责任公司（CHEC）一直是中国方面的主要参与方。1985年，中国港湾苏丹办事处正式成立，其间主要从事劳务输出、工业贸易等业务。自1997年开始，中国港湾开始涉足苏丹港建设工程，其后凭借专业能力、诚信服务、有竞争力的价格等优势，不断成功竞标获得港口建设项目，从而成为苏丹港建设工程中最为重要的外企参与方。[1]

1997年，中港集团获得第一个苏丹港建设项目，即苏丹港17—18号码头改造和两台集装箱桥吊供货工程。该项目合同总值为1690万美元，项目内容包括：检查原码头结构水上和水下部分，制定设计加固方案，补钻孔灌注桩共1487延米，现浇砼轨道梁及砼路面，安装钢轨516米，加厚码头面层15厘米，并按合同规

---

[1] 2012年9月，中国港湾苏丹办事处获批成立苏丹区域管理中心，2013年12月更名为东部非洲区域管理中心。

定设定、制造、运输、安装2台40吨集装箱桥吊。17—18号码头是当时苏丹港唯一的集装箱泊位，通过对17—18号码头的修复和改造，大幅提升了苏丹港集装箱的运营能力。该项目的按期顺利完成，为中港集团在苏丹树立了良好口碑。

1999年，经国际招标，中港集团获得建设苏丹港17—18号码头延长段及疏浚工程。项目自1999年7月开工，至2001年10月竣工，主要包括5万吨级集装箱泊位（延长段）1个、港池疏浚工程、码头后方堆场和道路工程、护岸工程，以及消防供电、给排水等配套设备的供货安装工程。在项目经理部努力下，该项目最终提前工期8个月完成，并以优质的施工质量得到苏丹政府高度评价。

2001年2月和5月，中港集团分别承揽苏丹港绿地1—2号泊位工程和达玛油码头工程。苏丹港绿地1—2号泊位工程合同额为2200万美元，合同工期自2001年10月至2003年6月。工程内容包括5万吨级多用途泊位2个、工作船泊位1个、码头后方堆场及道路工程、护岸工程1140米，以及相关配套设施的供货安装。苏丹港达玛油码头工程是苏丹政府根据石油出口形势决定建造的第一个成品油专用出口码头，项目合同额为1300万美元，合同工期1年。项目主要内容包括油码头全部设计工作、港池疏浚、5万吨级泊位1个，以及码头消防设备的供货与安装。达玛油码头现为苏丹唯一的原油出口及成品油进口专用码头，也是南苏丹原油出口的唯一码头。

2007年，苏丹港新集装箱码头及追加疏浚工程开工，工程主要内容为建造两座7万吨级集装箱泊位，主码头长781米，过渡段85米，护岸长度1470米，项目疏浚量约700万立方米。通过此项目，苏丹港停泊能力提升至7万吨级，大幅提高了苏丹港集装箱运营能力，并在一定程度上缓解了苏丹港滞港严重的问题。[①]

2010年，中港集团承揽苏丹港新集装箱码头后方堆场项目。该项目于2010年5月开工，2012年12月竣工，主要建设内容包括10个重箱区、2个冷藏集装箱区，以及部分建筑物基础、给排水、污水系统和堆场道路等。该项目的顺利竣工使苏丹港拥有了第一座现代化堆场。

2016年10月，在经过多年勘测、论证后，苏丹港牲畜码头一期工程开工，项目主要内容为建设一个2万吨级牲畜专用码头泊位（码头总长241米，工作船码头长44米）、3条引桥以及1座取水泵房平台，同时还包括办公区、牲畜圈养区、污水处理站、发电站等附属设施。2018年5月，苏丹港牲畜码头正式开始

---

① 《中苏重要合作项目》，http://sd.china-embassy.org/chn/jmwl/t1695496.htm。

运营，首批运载的 2.4 万只羊出口沙特。① 苏丹是非洲重要的传统农业国家，畜牧业尤为发达，其畜产品资源在阿拉伯国家中名列第一，畜产品出口是苏丹外汇收支平衡的重要支柱。② 但由于原先萨瓦金港牲畜码头面积不足，设施陈旧，严重限制了苏丹牲畜类产品的实际出口能力。苏丹港牲畜码头是苏丹第一座牲畜出口专用码头，预计年出口牲畜头数将达到 500 万头。其建成启用极大地提升了苏丹的牲畜出口运输能力，助推苏丹将资源优势转化为产业优势和经济优势，对苏丹提升出口创汇能力发挥了显著的积极作用。

在牲畜码头建设期间，项目业主苏丹港务局一度出现资金困难，中国港湾与苏丹港务局协商，提出债转股的新合作方式，即与苏丹港务局共同建立项目公司，苏丹港务局作为债务主体，以其从项目公司获得的股权分红作为优先还债来源，从而推动项目顺利实施。2018 年，召开项目合资公司第一次股东大会及第一次董事会，项目公司正式开始运作。

近年，苏丹政府也在持续推进红海自由贸易区的建设，试图将其打造为非洲东海岸的重要沿海经济带和综合产业基地。包括中国港湾在内的中国企业目前

---

① 刘长俭：《2018 年我国海外港口建设回顾及展望》，《中国港口》2019 年第 3 期。

② 张雷：《苏丹农业》，中国农业科学技术出版社 2018 年版，第 393 页。

正在积极参入红海自由贸易区的投资开发,以期进一步带动苏丹和周边地区的经济发展,但由于苏丹政局的变化等原因,相关项目推进较慢。

(三)苏丹港建设合作的成效与挑战

通过20余年的密切合作,中苏双方在苏丹港建设工作上取得了巨大成就。一方面,在中国和苏丹的通力合作下,苏丹港泊位数和年吞吐量都取得了明显增长,并建成了石油和成品油码头、牲畜码头等专用码头和一系列先进配套设施,已经由原先规模较小、现代化水平较低的港口发展为红海地区具有较强软硬件优势的主要港口之一和东非重要的能源输出、货运集散基地,从而成为"一带一路"辐射非洲的重要通道。另一方面,中苏在苏丹港建设中的合作也带来了良好的社会效应。苏丹港是依托港口而发展起来的城市,港口的发展情况与当地居民的生活水平有着密不可分的联系。中国港湾在承接港口建设项目时,通常会大量雇用当地员工(多年雇用人数都在千人以上),以解决居民的就业问题。此外,中港公司也在苏丹港修建了一批民生设施,如免费为当地民众建造了海水淡化厂,很大程度上缓解了民众的饮水困难问题。"一带一路"合作不仅是贸易、商品和物资的联通,同时也是促成"民心相通"的桥梁,中国在苏丹港的建设不仅带来了经济收益,同时也为当地的民众带来了切实的民生福祉,增进了中苏人民的友谊。中国驻苏丹大使马新民先生在庆祝中苏建交 60 周年时指出,中国和苏丹的合作是"南南合作"的典范,① 苏丹港的建设成果正是中苏合作的有力见证。

中国和苏丹的港口建设合作业已取得了令人瞩目的成绩,双方也在长期交流、磨合过程中形成了稳定、高效的合作模式。但值得注意的是,随着近年国际格局的大幅调整和苏丹国内形势的变化,中苏关系正在面临一些新的潜在挑战,这些挑战势必也将对中国和苏丹未来港口建设合作的推进带来影响。

其一,苏丹政局变化和社会转型带来的诸多不确定性。自 2018 年初起,因为不满经济下滑、食品物价快速上涨等原因,包括苏丹港在内的苏丹全国多地持续爆发群众示威,示威活动在 2018 年末演化为反对总统巴希尔的大型抗议运动,苏丹国内局势骤然趋紧。2019 年 4 月 11 日,喀土穆发生军事政变,巴希尔遭军方解职和软禁,其将近 30 年的执政生涯也走向了终点。2019 年 8 月,在军方与反对派同盟"自由与变革力量"(FFC)持续多个月的谈判后,曾在联合国非洲经济委员会任职的高级官员阿卜杜拉·哈姆杜克(Ab-

---

① 马新民:《中苏合作:"南南合作"的典范》,《国际商报》2019 年 4 月 9 日。

dalla Hamdok）就任苏丹总理并组成过渡政府，从而标志着苏丹政治过渡期正式开始。虽然在哈姆杜克政府成立后，苏丹总体局势较为安定，但在现定两年的过渡期中，不同政治势力的博弈、社会组织活动特别是一些突发事件仍可能导致安全局势出现波动，苏丹政局和社会安全形势仍难言明朗。同时，苏丹强人政治的结束必然将带来政党政见的分化和社会群体的多元化，在今后苏丹的政治版图中，一些亲西方的政党和组织将可能获得更大的影响力，同时也不能排除会有部分政党、政治人物和社会组织对中苏关系和中国在苏丹的投资建设活动发表负面看法乃至进行干扰，对于这些可能出现的政治和社会风险，中国企业应有理性的认识和必要的准备。

其二，苏丹的整体经济情况和债务问题。苏丹目前的整体经济形势仍较为严峻，经济增长乏力情况未随美国解除制裁和政权更迭而发生根本性改变。据国际货币基金组织（IMF）预估，苏丹2019年经济将萎缩2.5%，粮食等生活必需品价格高企、通货膨胀加剧、外汇短缺等问题也难有改观。同时，苏丹还存在着比较严重的债务问题，截至2019年5月，苏丹对外债务达580亿美元，[①] 其中包括拖欠中国的债务。在财

---

① 《苏丹对外债务达580亿美元》，http://sd.mofcom.gov.cn/article/jmxw/201905/20190502860595.shtml。

政状况没有出现明显好转、债权人未对苏丹减免债务的情况下，苏丹债务形势难有转变。对部分债务负担较高国家提供港口等基础设施的建设资金，不仅将可能增加中国融资机构的资金风险，对参建及拟投运相关项目的中国企业也会造成不利影响，① 苏丹债务风险问题是中国企业在苏投资势必要考虑到的重要影响因素。

其三，中苏港口建设合作将面临更加激烈的国际竞争。近年，苏丹已与多国达成了建设苏丹港口和开发周边油气资源的协议，包括与俄罗斯签署了开发红海地区天然气和修建苏丹港炼油厂的协议，与沙特签署了共同勘探红海水下矿产资源的协议，以及与卡塔尔达成了开发萨瓦金港的达40亿美元规模的协议。② 此外，苏丹与埃塞俄比亚的港口项目合作也取得了进展，在2020年初的一次高层会谈中，苏丹同意将苏丹港周边87万平方米的土地交由埃塞俄比亚发展物流服务。③ 2018年，菲律宾港口运营商国际集装箱码头服务公司（ICTSI）竞标获得苏丹港集装箱码头运营权，

---

① 孙海泳：《中国参与非洲港口发展：形势分析与风险管控》，《太平洋学报》2018年第10期。

② 周军：《后巴希尔时期的中国苏丹合作》，《21世纪经济报道》2019年4月22日。

③ "Ethiopia, Sudan Mull Cooperation on Port Service", https://www.theeastafrican.co.ke/business/Ethiopia-sudan-mull-cooperation-on-port-service/2560-5405074-13amv27/index.html.

但在 2019 年初苏丹政府与 ICTSI 签订特许经营权协议后，ICTSI 方案可行性出现问题，引发港口工人大规模罢工，军方政府在政变后宣布协议无效，从而令围绕集装箱码头运营权的竞争重新展开。随着苏丹与西方国家关系出现改善趋势，欧美企业加入苏丹港口项目竞争的兴趣也在增大，国际竞争的加剧无疑将对中国在目前苏丹港口建设中的优势地位形成一定挑战。

从总体上看，中国与苏丹及非洲其他国家的港口建设合作在今后固然会面对多层面的挑战，但机遇仍然是主流。当前，发展经济、实现繁荣是广大非洲国家的普遍愿望，港口建设则是非洲国家发展经济、扩大外贸的重要路径，"一带一路"合作倡议能为非洲国家推动港口建设提供资金、技术和人才，中国和非洲的发展共识与合作基础不会因部分非洲国家的政府更替而发生根本性改变。而在未来的中非港口建设合作中，中国政府、企业和融资机构不仅需要加强与当地政府、规划部门和合作企业的协调、沟通，更要高度重视非洲治理环境的改善，[①] 为提升当地民众的生活品质创造更多条件；与此同时，中国政府与企业也需要进一步提升风险评估能力，强化风险防控意识，不仅要综合评估合作国的政治、营商、舆论环境和社会

---

① 智宇琛：《非洲经济发展基本因素研究》，中国社会科学出版社 2018 年版，第 120 页。

稳定程度，也要充分考虑到恐怖主义、自然灾害、传染病等非传统安全问题的潜在风险。

六　埃及新都建设[*]

2015年，埃及政府宣布，为了缓解开罗不断增大的人口压力，计划在首都开罗以东45公里的沙漠地带兴建一个占地700平方公里、人口容量500万的全新的行政、金融和工商业首都。新首都拟分为五期建设，第一期为110平方公里，包括部委区、总统府、内阁大厦、议会大厦、中央商务区、使馆区及住宅开发区、产业园区等。新首都位于开罗和红海沿岸城市苏伊士之间，该项目为埃及政府正在实施的重点工程之一。2016年1月，习近平主席访问埃及期间，在习近平主席与塞西总统的共同见证下，中国建筑工程总公司与埃及住房、公共工程与城市化部签署了埃及新行政首都项目建设一揽子总承包框架合同。在此基础上，中埃双方经过一年多的友好协商，就项目的具体实施达成共识。2017年10月11日，在多方见证下，中国建筑工程总公司与埃及方面签署了埃及新首都中央商务区（CBD）项目总承包合同。该项目自2018年3月18日开工至今，完全按照既定进度保质保量进行。

---

[*] 本部分作者王金岩，中国非洲研究院副研究员。

(一) 项目总体情况

该项目名称为埃及新首都中央商务区（CBD）项目，位于埃及拟建造的新首都一期核心区，总占地面积约50.5万平方米，包括1栋345米高的标志塔（建成后将成为非洲第一高楼）、12栋高层商业办公楼（建成后将成为埃及主要部委办公楼）、5栋高层公寓楼（建成后将成为埃及高级公务员的住宅楼）和2栋高档酒店，共计20个高层建筑单体及配套市政工程，总建筑面积约170万平方米，合同金额30亿美元，合同工期"39.5+5"个月。该项目是迄今为止中资企业在埃及市场上承接的最大单个项目。该项目计划投资额约为30亿美元，中国的银行为其提供85%的贷款资金，即25.5亿美元为银行贷款。但是贷款须在埃方承担的4.5亿美元用完后开始生效。贷款还款期长达10年，在还款前，埃及将获得36个月至42个月的宽限期，直至施工完成。该项目属于中非合作论坛北京峰会通过的"八大行动"中的"产业促进行动"。中方执行单位是中国建筑埃及分公司，非方对接单位是埃及住房、公共工程与城市化部。

1. 项目设计

埃及新首都项目是埃及政府目前正在实施的重点工程，建成后将极大地缓解开罗的人口及交通压力，打造埃及政府新的政治及金融中心，为埃及创建良好的吸引外资环境，有力带动埃及苏伊士运河经济带和红海经济带的开发，助推埃及国家复兴计划的实现。该项目是中国"一带一路"倡议与埃及"复兴计划"和"2030愿景"对接结出的成果，政治影响力巨大，兼具经济效益。该项目的成功实施是两国多年来友好合作的结晶和标志，也将为两国在未来进行更深层次和更大规模合作打下坚实的基础。

该项目拟融入35%的中国元素，包括近10亿美元的产品和材料输出。其中包括：（1）中国技术：体现在人工挖孔桩、后注浆钻孔灌注桩等知识产权的输出。（2）中国产品：包括幕墙、电梯等产品的输出。（3）中国材料：包括钢结构、预应力钢筋、套筒等。（4）中国标准：预应力相关检测、幕墙相关检测等将由中国实验室实施。（5）中国技能：主楼的施工以中国工人为主。（6）中国速度：39个月内完成20栋占地共170万平方米的超高层建筑。

截至2020年2月，该项目雇用当地生产和辅助人员973人，当地管理人员299人，中方生产人员1319人，中方管理人员656人。随着工程进展，人员将持续增加。预计高峰期将达到中方2500人、埃方7500人的用工规模。该项目将与埃及上百家企业合作，共同打造现代化精品工程，实现互利共赢的产能合作。

该项目将采购不低于 5 亿美元的当地材料，通过中建的示范引领作用，提升材料的加工和制造水平，带动当地产业发展。该项目还将设立建筑职业培训中心，大量雇用和培训当地工人，以此项目为契机，为埃及培训近万名技术工人，并提供大量就业岗位。

2. 项目进度

埃及当地时间 2018 年 3 月 18 日上午，埃及新行政首都中央商务区项目举行开工仪式。时任埃及总理谢里夫·伊斯梅尔和时任中国驻埃及大使宋爱国为项目奠基，谢里夫总理砌下了第一块代表项目正式启动的基石。到 2020 年 6 月 30 日，除标志塔（385 米）外，其他楼体均可实现结构封顶。到 2021 年下半年，各楼可陆续交工。标志塔预计 2022 年 5 月交工。

当前，该项目已完成地质勘探，正式开工建设。截至 2020 年 2 月，已完成了 15 个筏板的浇筑，共计混凝土 13.1 万立方米。项目的 14 个单体主体结构已开始进行地上三层及以上楼层的施工，进展基本顺利。对于非洲第一高楼标志塔，1.85 万立方米、5 米厚超大型筏板混凝土浇筑仅用 38 小时完成，创出中东和非洲地区建筑史上浇筑超大型基础底板的最快纪录。在埃及首次使用溜槽技术，与汽车泵、地泵技术相结合，创造了高峰期单小时浇筑量 785 立方米的纪录，其效率在国内也属罕见。2019 年 11 月 16 日，中建埃及新首都CBD项目在施工现场举行标志塔钢结构工程首吊仪式，标志着标志塔工程进入了钢结构主体施工新阶段。中建埃及分公司表示将秉承安全第一、质量第一的原则，全力保证项目品质和施工进度，逐步实现"五天一层楼""三天一层楼"的中建速度，最终将标志塔打造成闪耀非洲的明星建筑，成为埃及新时期的金字塔。

（二）项目面临的机遇与挑战

该项目所属的"产业促进行动"中的重要一项是"扩大对非投资"。中非合作论坛北京峰会"八大行动"内容解读中指出：在此项目下，中方将加强政策引导，调动各方积极性，鼓励中国企业加强对非洲产业投资，特别是制造业、农业、金融服务、商贸物流和数字经济等传统及新兴领域扩大对非洲投资，支持非洲更好地融入全球和区域价值链。此项目充分反映了中方行动计划的理念，对中方的产能转移、非方的产业发展及中非合作都起到了促进作用。

该项目自开始实施至今近两年时间，机遇与挑战并存。中方工作人员积极抓住机遇，全力应对挑战，项目进展总体顺利。就埃及新都建设合作为中埃合作深化带来的机遇而言，主要包括以下方面。

第一，该项目受到双方领导人的关注，推动中埃合作提升至更高层次。塞西总统多次强调埃及新首都项目的重要意义，多次亲自指导设计工作，并多次乘直升机视察现场。埃及现任总理穆斯塔法·马德布利也曾多次到项目现场视察，主持项目建设座谈会。2019年内，马德布利总理三次赴该项目视察，2020年伊始，马德布利总理在中国驻埃及大使廖力强的陪同下，再次考察了新首都CBD项目，并登临施工至近百米的标志塔项目顶层，俯瞰CBD项目整体拔地而起的面貌，对推进项目建设寄予深切期望。

中国国务院国资委党委书记、中国外交部党委书记、中国国家国际合作署副署长、前任及现任中国驻埃及大使等都曾亲赴该项目调研，对项目进展情况给予肯定。双方领导人对该项目一致肯定并高度评价，国际社会对此也是持积极态度。在双方领导人的高度关注和双方建筑公司的高度重视、高质量施工下，该项目应该可以按期、保质保量地实现预期目标。中国国务委员王毅在2020年初访问埃及期间接受埃及官方报刊《金字塔报》采访时特别提到中埃合作建设埃及新行政首都的重大战略项目。这成为迄今为止中资企业在埃及市场承建的最大项目，也是中埃合作迈向更高水平的象征。

第二，该项目的完美履约将为中国企业继续深耕埃及打下良好基础。埃及新首都中央商务区一期项目自2018年3月开始实施后，顺利通过每次评估。中国建筑表示有信心、有实力确保项目完美履约，全力以赴将该项目建设成为"一带一路"上的标志性工程，为埃及社会经济发展与新一轮经济大发展做贡献。2018年9月中非合作论坛北京峰会期间，在塞西总统的见证下，中国建筑分别和埃及投资与国际合作部签署35亿美元的埃及新首都中央商务区二期项目总承包合同，与埃及东部油气公司签订了61亿美元的埃及苏伊士炼油及石化厂项目总承包商务合同。

2019年7月，中国建筑和瓮福（集团）有限责任公司联营体中标埃及磷酸厂项目，中标合同额约8.4亿美元，折合人民币约58亿元，合同工期30个月。该项目是目前中国磷化工行业海外工程总承包合同体量最大的项目，也是中国建筑继埃及新首都中央商务区项目后在埃及市场的又一经营成果，标志着中国建筑在海外工业领域实现了经营突破。该项目作为埃及政府最重要的工业项目之一，受到埃及政府高度关注。项目的成功实施将会更好地开发利用埃及丰富的磷矿资源，推进埃及产业升级及工业化进程，解决当地就业，并带动区域经济发展。中国建筑联合瓮福集团、东华工程科技等国内磷化工翘楚企业，经过多年跟踪和多轮激烈竞标，在众多国际知名承包商中胜出。该项目采取的中国企业"联合出海"模式，将有力带动中国磷化工行业及相关中国设备"走出去",打造中埃产能合作的示范工程。

埃及新首都项目的顺利执行成为中国企业在埃及投资兴业的又一次成功实践,也将成为中国企业又一张光鲜的名片。未来,埃及将继续加大国家建设力度,还将推出多领域的建设项目期待与外国企业合作。中国企业将以既往良好的业绩和口碑获得更多机会。

第三,该项目注重提升中国企业在埃及的社会效应。2019年12月,中建埃及分公司在埃及新首都中央商务区项目现场举行《中国建筑埃及社会责任报告》发布会。这是中国建筑在海外发布的第一份国别可持续发展报告。当前,埃及正在积极推进国家复兴计划埃及"2030愿景"。作为埃方的重要合作伙伴,中国建筑对此积极响应,以"为利益相关方拓展幸福空间"为己任,高度关注经济发展、促进就业、环境保护等可持续发展议题,践行社会责任,增进民生福祉,为构建人类命运共同体贡献力量。

该报告主要聚焦于拓展匠心品质空间、拓展成长友谊空间、拓展绿色安全空间和拓展亲诚和谐空间四个方面,以多方面生动的事例记录下中国建筑埃及分公司在埃数十年间做出的业绩、结下的友谊,以及多地的足迹。其中,尤其展示了中国建筑在埃投资兴业中不忘回馈当地社会,充分承担起社会责任,在埃及展现出中国的大国风范和责任,为在埃中国企业树立了榜样。随着中建埃及社会责任报告的发布,中国企业与埃及当地的合作将进一步深化和拓展,为中埃友谊和民心相通贡献力量。

第四,该项目助力埃及提升自主建设能力。2020年1月8日,由中国建筑第八工程局和中国对外承包工程商会共同倡议发起的中建埃及"鲁班学院"在埃及新首都CBD项目基地落成。该学院是中国第一所致力于促进境外产业工人技能培育、促进管理人员技能提升的教育公益机构。该学院于2月2日正式开课,主讲教师为中建埃及新首都CBD项目的高级工程技术人员及管理人员,首批学员为CBD项目埃方员工,未来将扩大至CBD项目以外的埃方人士。

参与埃及新首都建设是关注非洲发展需要、深化中非合作的重要举措,但就项目而言,当前主要面临如下方面的问题与挑战。

第一,工期问题。根据合同规定,项目的勘探、设计、建造共计39.5个月,其中,标志塔另加5个月。该项目工期十分紧张,且对质量要求很高,又面临融资问题。按期、高质量地完成该项目是一项重大挑战。

第二,属地化问题。参与该项目的当地管理人员和工人数量庞大,该项目所需物资在当地采购的数量巨大。中国建筑企业在埃及根基不深，面临经验不足的问题，稍有不慎即将付出高额的物资代价。因此，属地化人员的管理和属地化资源的采购都面临重大挑战。

第三，融资问题。该项目的融资情况相对项目进度略显滞后，项目现金流在一定时段内可能面临压力，这种情况已数次出现，后在中埃双方的共同努力下得到解决。

第四，技术问题。此项目要求以埃及标准为主，辅以国际和欧美标准，规范体系复杂。中国企业此前对上述标准了解不够，在施工过程中在此问题上多次面临挑战。

第五，价格问题。此项目包括多个单体项目的设计和施工，相互间交叉并行，且埃及的物资价格处于不断变化中。该项目采取就设计、价格等问题的商务谈判与施工并行的方式，因此，项目的设计、价格等关键问题都处于变化中。但埃及政府要求该项目的最终花费不得超过既定预算，因此，施工过程中的商务谈判始终成为项目组面临的挑战。

第六，汇率风险。自2011年以来，埃及经济处于困境，一度甚至处于崩溃边缘。塞西总统为应对经济困境采取浮动汇率，并通过提高部分商品的价格以减少财政赤字。当前，埃镑汇率和物资价格依然不稳定，该项目仍然面临埃镑升值和物价上涨的双重压力。

虽然存在上述问题，中国企业时刻保持高度警惕，积极应对，且得到埃方各层次的关注和帮助，应该不会对双方间的合作、"八大行动"以及中非合作造成不良影响。

（三）深化合作的建议

时任埃及总理伊斯梅尔在评价该项目时曾说："这是全球最大的建筑公司，也是中埃两国建筑公司正在携手打造的奇迹。"埃及新首都CBD项目不仅将成为埃及日后的新地标，也将成为埃及现代化的象征。要通过两国的合作，将该项目建设成为和金字塔相媲美的伟大工程。2019年上半年刚刚卸任的中国驻埃及大使宋爱国曾在接受媒体采访时表示，埃及新行政首都CBD项目是中埃产能合作和"一带一路"建设的最新进展，也是迄今为止中资企业在埃及新行政首都核心区修建的地标性建筑，是两国友好合作的结晶，表明两国间的务实合作方兴未艾，象征两国友谊历久弥坚。

中埃两国多位领导人和相关负责人在对项目视察后都对各项工作给予充分肯定。中国外交部党委书记齐玉在对该项目调研后曾说："中国建筑多年来对中国形象、中国品牌以及中国技术的传播和传输都做出了贡献。今天看了你们壮观的施工现场，感觉名不虚传。"足见该项目的施工进度及质量都符合预定的执行计划。该项目完工后将成为埃及的地标性建筑，在中埃合作中具有里程碑式的意义。该项目也将成为中非合作"八大行动"中的杰出成果，成为中非合作中浓墨重彩的一笔。

第一，坚持控制成本的底线。由于埃及政府要求该项目的实际花费不得超过预算，且埃及的物价、汇率等都不稳定。项目在执行中一定要坚守控制成本的底线，避免在项目完工后承担经济压力。

第二，严格遵守项目进度。该项目作为对埃及、中埃关系，乃至中非合作都具有重要意义的工程项目，且面临工期紧的压力，一定要严格遵守项目的进度，以保证按期完工。

第三，确保工程款落实到位。该项目是融资项目，根据合同规定，中国银行将在埃及方面支付15%工程款后提供85%的贷款。由于项目工期紧，必须确保双方付款方按期支付款项，以免影响工程进度。

第四，同时关注当地其他项目。这个项目在实施过程中面临中国企业在埃及从业根基不深造成的人员使用、物资采购等多方面困境。该项目成功履约将为中建埃及分公司在埃及从业打下坚实的基础。未来，埃及的国家建设方兴未艾，还将有众多建设项目。以中国建筑为首的中国企业应从现在起就关注当地其他项目，从而实现中埃合作的持续稳定发展。

埃及是一个既成熟又特殊的建筑市场，军方、中央政府、地方政府和当地建筑企业的关系错综复杂，利益链条相互交织。须耐心周旋，审时度势，取舍得当，找准各方利益的平衡点才能实现合作共赢。

埃及与中国同属文明古国，在历史的河流中留下了璀璨的人类文明。当前，中埃关系日益亲厚，合作日益紧密。《可持续发展战略：埃及2030愿景》描绘了埃及未来的美好画卷。中国建筑在埃及深耕厚植三十余年来，在长期的坚守中总结经验，研发创新，关心社会，将以更负责任的经营实践与埃及民众一同建造新首都，拓展幸福空间，携手迈向更好的未来。中建埃及分公司郑重承诺，未来将以诚信获取信赖，创造价值，拓展匠心品质空间；以尊重实现多元进取，拓展员工成长空间；以严格要求和严谨态度构建环境安全与健康管理体系，拓展绿色安全空间；以诚挚友好的态度促进文化交流，拓展和谐空间，注入幸福动力。

七　摩洛哥穆罕默德六世科技城[*]

摩洛哥地缘优势显著，东与阿尔及利亚接壤，西

---

[*] 本部分作者周瑾艳，中国非洲研究院助理研究员。感谢中国国际经济交流中心谈俊博士对本文提供的帮助。

临大西洋，南接撒哈拉沙漠，北与西班牙和葡萄牙隔海相望。中国与摩洛哥虽然距离遥远，但交往源远流长，可追溯至14世纪摩洛哥著名旅行家伊本·白图泰的泉州之行。国际社会普遍认为"21世纪海上丝绸之路"始于中国泉州港，终点是摩洛哥的丹吉尔港。摩洛哥是最早明确支持"一带一路"建设的国家，并积极推动"一带一路"倡议与摩洛哥"2014—2020工业加速发展计划"的对接。摩洛哥近年来对"非洲国家"属性的日益重视、摩洛哥与欧洲国家在非洲市场的摩擦促使其"向东看"，积极参与"一带一路"倡议，但中国与摩洛哥的合作仍面临大型项目落地难的困境。

（一）摩洛哥参与"一带一路"的考量

摩洛哥矿产资源丰富，尤其是磷酸盐的储量占世界已探明储量的75%，是世界磷酸盐出口第一大国；渔业资源丰富，是世界第一大产鱼国。摩洛哥基础设施条件较好，拥有非洲第一条高铁，沿海港口多达30多个，公路网通达，交通便利，与欧洲32个城市、非洲34个城市与中东6个城市直航。

1958年，中国与摩洛哥建立外交关系，两国政治友好不断加深。2015年，受穆罕默德六世国王委任，时任摩洛哥首相班基兰在中非合作论坛约翰内斯堡峰会上表示,"非中合作是一种战略性合作,摩洛哥将竭尽所能实现这种合作"。2016年摩洛哥国王穆罕默德六世访华,与习近平主席共同宣布建立中摩战略伙伴关系。穆罕默德六世表示,摩洛哥采取"向东看"战略,高度重视发展对华关系,愿同中方加强政治交往及各领域务实合作,不断巩固和发展两国战略伙伴关系。自2016年6月1日起,摩洛哥对中国公民实行免签政策。此后,中摩两国充分利用中非"十大合作计划"和中阿共建"一带一路"四大行动两个合作平台,推进双边合作。

自2016年中摩建立战略伙伴关系以来,两国政治交往、经贸合作、人文交流全面深化。2017年,摩洛哥成为马格里布地区首个同中国签署"一带一路"谅解备忘录的国家,中摩经贸合作由此步入快车道。① 除了经贸合作,中摩文化交流频繁,2009年和2016年,摩洛哥首都拉巴特和卡萨布兰卡相继开设孔子学院,丹吉尔和马拉喀什等城市也在计划开设孔子学院。摩洛哥对"一带一路"积极响应主要有以下原因。

第一,希冀发挥优越的地缘优势。摩洛哥地缘优势突出,希望利用自身的地理位置优势在"一带一路"倡议中成为连接中国与欧洲、中东和非洲三大地

---

① 李立:《非洲经济独立摩洛哥实践》,《中国投资》2019年第24期。

区的枢纽。摩洛哥连接大西洋和地中海，沟通欧亚大陆和非洲，处于十分优越的十字路口位置。摩洛哥靠近欧洲且与欧洲关系紧密，与西班牙隔海相望，中间的直布罗陀海峡最短的直线距离仅14海里。摩洛哥认为自身是欧盟成员国外同欧盟关系最密切的国家，中国可以通过摩洛哥将商品出口至欧洲市场。此外，摩洛哥与所有非洲国家都保持着良好的关系，认为中国也可以通过摩洛哥把商品出口到南部非洲及毛里塔尼亚、塞内加尔、马里等国。众多中国企业在摩洛哥投资，摩洛哥首都拉巴特著名的穆罕默德六世高架桥即由中国企业承建。

第二，多重属性和回归"非洲国家"定位。摩洛哥日益重视"非洲国家"的属性，希望通过参与中国的"一带一路"倡议进一步融入非洲，增强与非洲的联系。摩洛哥将自身定位为具有多重属性的国家，既是阿拉伯国家，又是非洲国家和法语区国家。近年来，摩洛哥愈加重视与非洲的联系，摩洛哥与非洲40多个国家签有投资协议，是对非投资最多的国家之一。与非洲的经贸往来促使摩洛哥进一步"融入非洲"。2017年1月，摩洛哥重新加入非盟组织，"摩洛哥不应再置身于非洲组织大家庭之外，而应重新获得其在非盟自然、合法席位"。

2017年2月，摩洛哥提出加入西非共同体（Economic Community of West African States，ECOWAS）。摩洛哥国际关系学院院长 Jawad Kerdoudi 认为摩洛哥加入西共体的原因有多方面：首先，摩洛哥与西共体国家在历史、人文和宗教上有千丝万缕的联系。其次，从地缘政治层面看，西共体拥有 15 个成员国、3.5 亿人口和 7000 亿美元的 GDP 总量，在当今全球化和大国地位不断巩固的国际格局中，像摩洛哥这样体量的小国只有加入较大的地区组织才能避免被边缘化。最后，在经济层面，西共体为摩洛哥提供了更多的贸易和投资机会。2017 年，摩洛哥对非出口为 221 亿迪拉姆，占摩洛哥出口总额的 9%，而主要出口目的国为塞内加尔、尼日利亚和科特迪瓦。摩洛哥是非洲第一大投资国，而对西共体国家的投资占据了其中的 64.7%，摩洛哥对西共体投资主要集中在农业、保险业、银行业、水泥、水资源、电力、化肥、房地产、矿业、医药等领域。[①] 但摩洛哥加入西共体并非一帆风顺，撒哈拉地区冲突、摩洛哥与西共体国家的贸易摩擦，以及尼日利亚和塞内加尔等国私营部门的疑虑和反对曾一度阻碍了摩洛哥加入西共体的进程。

第三，希冀推动中、摩、非三方合作。增强非洲国家属性的另一个原因是摩洛哥希望减少对欧洲的依

---

① 《摩洛哥加入西共体浅析》，http：//www.mofcom.gov.cn/article/i/dxfw/gzzd/201811/20181102811393.shtml，2020 - 03 - 05。

赖，并进军新兴市场，使得摩洛哥公司可以从相对竞争中受益。2018年，摩洛哥经济部金融预测研究司（DEPF）和法国发展署（AFD）共同发布了一个关于摩洛哥企业在非投资的研究报告。[①] 2003—2017年，摩洛哥对非直接投资为370亿迪拉姆，占摩洛哥对外直接投资总量的60%。摩洛哥对非投资分布为西非（55%）、北非（25%）、中非（15%）和南非（5%）。主要投资国家为埃及、科特迪瓦、马里、塞内加尔、加蓬、突尼斯等。摩洛哥对非投资主要集中在银行、保险、电信等领域，近年来也开始向建筑、物流和工业等领域发展。摩洛哥企业向非洲投资的主要动机是寻找新的增长点。因为摩洛哥国内市场已接近饱和，龙头企业需要在非洲开拓新的市场。

因此，中国的"一带一路"倡议成为摩洛哥进一步加强与非洲联系的平台，摩洛哥也希冀成为中国企业投资非洲尤其是西非的门户和桥梁。对此，中国始终在"非洲提出、非洲同意、非洲主导"的原则上，深化与摩洛哥在非洲国家的合作。

第四，摩法裂痕促使"向东看"。随着摩洛哥在非洲的影响力提升，摩洛哥与法国的摩擦渐多，促使摩洛哥"向东看"，将中国视作重要的合作伙伴。法国

---

① 《摩洛哥企业在非洲投资情况》，http：//www.mofcom.gov.cn/article/i/dxfw/gzzd/201812/20181202817108.shtml，2020－03－05。

与摩洛哥历史交往密切,两国元首和政府首脑多次互访。法国是摩洛哥第一大贸易伙伴,两国贸易额约占摩洛哥外贸总额的1/4,法国还是摩洛哥第一大投资国和最大债权国。摩洛哥企业在非洲的最大竞争对手也是法国企业,由于法国大型企业受益于政府促进出口和投资的补贴,同时能在国际金融市场上获得更优惠的融资,摩洛哥企业在资金方面难以与法国公司抗衡。但随着近年来摩洛哥在非洲地区影响力的提升,两国间的竞争日渐增多。摩洛哥对非经贸投资的增多,摩洛哥与法国的竞争中偶有占上风的机会,这使得摩法两国的关系发生微妙的变化。例如,摩洛哥在成为科特迪瓦最大投资国的过程中挤占了法国的投资空间,并产生了摩擦。中国曾希望与摩洛哥探讨中、法、摩三方合作的可能性,但摩洛哥对此不太积极,法、摩两国的裂痕是摩洛哥对中法合作开发摩洛哥市场意愿较低的原因之一。

(二)摩洛哥工业发展规划与"一带一路"的对接

摩洛哥积极响应"一带一路"建设,同时越来越多的中国企业希望进入西非和北非市场,中国最大银行之一的中国银行即选择进驻卡萨金融城。除了摩洛哥在地理位置、劳动力、营商环境方面的优势,摩洛哥发展规划与"一带一路"倡议在战略上也具有契合点。

第一，摩洛哥"2020工业加速发展计划"。2014年，摩洛哥出台"2020工业加速发展计划"，航空、汽车、纺织等领域由此得到飞速发展。2016年国王访华后，摩洛哥致力于推动"一带一路"倡议与摩洛哥国家发展战略的对接。

自2009年以来，摩洛哥相继出台了两个专门用于指导工业制造业发展的政策文件，分别是2009年出台的《国际工业振兴计划》(National Plan for Industrial Emergence)与2014年出台的《2014—2020年工业加速发展计划》(National Industrial Acceleration Plan)。摩洛哥工业加速计划以实施工业的高效生态系统为基础，旨在整合价值链，并巩固本地大公司与中小企业之家的联系。该计划在2014—2020年实施，预计将可为工业创造50万个工作岗位，并可将工业占GDP比重从当前的14%大幅提升至23%。开发和改善工业园区。摩洛哥工业加速计划将有助于实现工业结构的多元化，在大企业和中小型企业间建立起更加协调、更深层次的合作关系。工业加速计划也将由此成为推动增长和创造工作岗位的主要杠杆，从而使摩洛哥工业变得更加稳固。工业加速计划还包括其他多项举措，最重要的是充分利用并优化工业园区，通过对外租赁服务使经营者能够更便捷地入驻。同时，工业加速计划呼吁摩洛哥企业应具有"非洲反射"意识,以提升摩洛哥与非洲国家的合作关系,从而巩固摩洛哥作为非洲大陆国际投资门户的地位。

"一带一路"倡议与摩洛哥《2014—2020年工业加速发展计划》具有契合性,战略对接有助于推动两国企业更好地利用两个平台,有效加强在基础设施、铁路、能源等领域的合作,如已经竣工的穆罕默德六世大桥和努奥电站项目。

第二,摩洛哥参与"一带一路"的优势。2017年,中国与摩洛哥签署《共建"一带一路"谅解备忘录》,中摩两国战略合作进一步深化。就长远看,参与"一带一路",摩洛哥的优势也是突出的。

其一,摩洛哥政局相对稳定,并注重吸引外资和鼓励投资,制定税收优惠政策吸引投资企业,并成立一系列基金,如工业投资促进基金、能源基金、旅游发展基金、哈桑二世基金等以鼓励和吸引外资。此外,摩洛哥已和50多个国家签署自由贸易协定(FTA),中摩合作有助于中国企业借力摩洛哥现有的自由贸易协定。根据摩洛哥的激励政策,哈桑二世基金对电子、汽车、航空、纳米技术、微电子和生物技术等产业的具体补贴幅度为:(1)对购地且自行建设/购置建筑物,补贴土地购买价格和建筑施工成本的10%;(2)租地但自行建设/租赁建筑物,基于租赁合同前六年的租金补贴，100%的土地租赁价款/建筑物租赁价款；（3）对新设备购置成本补贴最高20%（税后进口税除外）。此外，摩洛哥投资法对投资额超过1亿迪拉姆，或创造250个就业岗位的投资项目，国家将提供补助优惠政策，提供最高覆盖总投资额30%的补贴资金，包括：（1）购买或租赁房地产和工业设备的成本；（2）与研发、创新和创造相关的费用；（3）技术援助费用；（4）实际开始运营后的头三年的启动成本。此外，对于促进出口的部分，提供最高额为出口产品附加值10%的资金奖励。

其二，摩洛哥具有相对低价的高素质劳动力。摩洛哥34岁以下人口占总人口的64%，劳动力人口达1200万人，拥有300多所公立和私立高等院校，劳动力人口大多能用法语、英语和阿拉伯语多语种交流。摩洛哥人口素质相对较高，人力成本具有一定竞争力，最低工资水平为220欧元，远低于欧美国家平均水平。

其三，摩洛哥的营商环境较好。世界银行《2018年全球营商环境报告》显示，摩洛哥在全球190个经济体中排名第69位，在北非地区排名第一。《福布斯》杂志公布的"2018年最佳营商环境国家"显示摩洛哥排名第55位，是北非地区营商环境排名最高的国家。中国众多投资者在摩洛哥有投资项目，中摩两国的贸易额在过去十年翻了一番。

第三，中摩经济合作面临的挑战。中国企业对摩洛哥的投资缺少历史积累，投资示范效应不高；摩洛哥重视对中国市场的保护，市场壁垒较高；中国企业融入摩洛哥所处的欧洲产业链存在困难。① 此外，中国企业对摩洛哥的投资还存在以下障碍。

其一，摩洛哥的高税率成为吸引外资的制约因素。1901 年摩洛哥开始了接轨世界的改革，增值税制度基本全盘西化。在全球减税降负的大背景下，摩洛哥 30% 的企业所得税率仍居高不下，尽管此前一直存在着对小微企业的优惠政策，即 3 万迪拉姆以下实行 10% 税率，3 万到 100 万为 20% 税率，100 万以上则为 30% 税率。②

其二，摩洛哥虽然大力吸引外资，并注重发挥市场机制作用，但政府的资源规划整合能力不强，各生产要素大多处于碎片化状态，难以发挥规模效应。目前，摩洛哥销售税税率为 20%，企业所得税税率为 31%，个人所得税更是高达 38%。高企的税收压缩了企业的利润空间，削弱了对外资的吸引力。

其三，民族、宗教认同和语言差异带来文化阻力。中国在"一带一路"沿线国家的海外项目在具体的施

---

① 刘冬：《摩洛哥工业发展战略与中摩产能合作》，《阿拉伯世界研究》2019 年第 2 期。

② 王海：《"雨霁天晴"的摩洛哥：营商环境需要与时俱进》，《新理财》2019 年第 4 期。

行过程中面临不同制度和标准以及不同文化背景下的工程投标、操作模式、项目管理目标和管理手段、决策过程、沟通和控制方式等方面的差异。摩洛哥总人口中75%为阿拉伯人，20%为柏柏尔人，5%为其他民族人，民众多为伊斯兰教徒，还有少数犹太教徒和基督教徒；语言包括法语、英语、西班牙语、阿拉伯语和柏柏语。多元的民族、宗教、语言形成了错综复杂的社会环境，增加了中国企业融入摩洛哥市场的障碍。例如，伊斯兰教斋月期间，当地劳工出勤率低，影响正常施工。此外，摩洛哥与撒哈拉以南非洲不同，普遍使用欧美标准，执法严格，市场规范。需要企业与当地政府、业主、民众和民间组织有良好的沟通，熟悉行业标准、规范和法律法规，实行属地化管理，适应当地文化。

（三）摩洛哥穆罕默德科技城项目

"一带一路"倡议下的中摩合作促使两国经贸提速，向深广的领域拓展。与撒哈拉以南非洲国家不同，在承包工程领域，由于摩洛哥企业有相当的竞争实力，中国企业承包低技术含量的项目难以形成规模。中国对摩洛哥的投资合作规模也不大，主要涉及渔业、塑料加工、摩托车组装等领域。自2017年中摩签署"一带一路"备忘录以来，中摩合作开始向汽车、电力、新能源、港口等高技术含量的领域发展。例如，2017年9月，中信戴卡与摩洛哥工业部签署项目备忘录，建设摩洛哥铝车轮工厂项目。2018年7月，中信戴卡与摩洛哥工业部、财政部签订合作框架协议。项目计划分四期完成，到2024年实现全部投产运营，届时将为摩洛哥提供近1200个工作岗位。

工业园建设是中国与摩洛哥经济合作的另一重点。2016年5月，李克强总理在会见穆罕默德六世国王时表示，希望中摩在全方位合作基础上，面向整个非洲，抓住具有示范意义的项目，做大做强，促进共同发展。国王访华期间中摩两国元首共同签署了基础设施合作备忘录等一系列合作项目，穆罕默德丹吉尔科技城项目是其中之一。中摩两国由此重点推动交通和物流基础设施的合作，促进中国加工制造业在摩洛哥落户，并加强金融、信息产业等领域的合作。科技城项目位于摩洛哥北部城市丹吉尔，距离欧洲大陆14公里，占据直布罗陀海峡西面入口，20%的全球贸易途经直布罗陀海峡，其中包括中国至欧洲贸易总量的60%。

2017年3月，中国民营企业海特集团宣布协助打造占地2000公顷的"丹吉尔穆罕默德六世科技城"，计划10年之内在丹吉尔为200家中国企业建设工业园区，涉及领域包括航空、汽车、电子商务、环境与铁路运输等多个领域，将创造超过10万个就业岗位。海特集团成立于1991年，是中国境内以航空产业和实业为主业的综合型企业集团，旗下拥有包括上市公司四川海特高新技术股份有限公司（下称"海特高新"）在内的40多家分/子公司。集团总部位于成都市高新区，占地400余亩，员工逾千人。①

由于海特集团是唯一参与穆罕默德科技城项目建设的外资开发商，摩洛哥媒体报道热烈，摩方对中国期望较高。遗憾的是，2018年，海特集团在遇到融资、规划、吸引外资等一系列困难后宣布退出科技城项目。

经摩洛哥多方斡旋，中国交建、中国路桥决定接手科技城项目。2019年"一带一路"高峰论坛期间，中国交建、中国路桥与摩洛哥丹吉尔科技发展公司（SATT）签署丹吉尔科技城项目相关备忘录。摩洛哥外贸银行—非洲银行（BMCE Bank of Africa）发布声明称，该谅解备忘录反映了三方发展丹吉尔穆罕默德六世科技城的决心，提供所有必要的手段，推动项目的实施。声明还表示，该项目的开发是摩洛哥和中国加强合作的一部分，旨在促进摩洛哥和整个非洲大陆的经济发展。

---

① 《海特集团摩洛哥参建3万亩科技城，海特高新：与上市公司无关》，https：//www.thepaper.cn/newsDetail_forward_1645509，2020-03-05。

科技城分为产业园区和现代城市建设两大部分，分三期开发建设，一期约486公顷，配套商贸城、会展中心、国际物流中心、跨境海外仓、跨境电商园、产业孵化器、星级酒店、高档公寓、国际学校和国际医疗。科技城的长期规划是提供10万个就业岗位，容纳30万人工作和生活，年产出预计可达150亿美元、缴纳税收达3亿美元的新型智慧产业新城。主要的产业包括汽车及汽车零部件、家用电器、家居器材、新能源、新材料、消费电子、航空航天、生物医药和工程器械。目前启动区土地已平整。科技城提供的优惠政策包括简化行政手续，提供一站式服务处审批注册，可在一个星期甚至24个小时内完成资金自由进出。园区内的企业不受外贸法规、外汇管制的监管，资金可自由流进和流出税收优惠，享受优惠税收待遇。具体的税收优惠包括企业前5年免缴公司税，之后20年按8.75%征税征收；免缴进口关税、进口环节增值税；免缴生产和消费税、出口税；免缴营业税15年；免缴市政税15年等。

丹吉尔穆罕默德六世科技城项目与中摩两国政府的战略高度契合，但在落地过程中仍遇到一定困难。这为中摩未来共建"一带一路"提供了一定的经验和启示。

其一，注重大型项目的可行性研究。建议利用无偿援助进行基础设施项目的可行性研究,通过援助撬动私人资本。对商业上具有营利性的基础设施项目,可通过市场机制拓宽融资渠道,吸引私人资本参与建设;对规模较大但短期内无法有较大经济回报的基础设施项目,通过政府、开发银行和私营企业以公私合营(PPP)等模式开展合作。

其二,创新投融资模式,创建多层次市场合作模式。在2019年的政府工作报告中关于"一带一路"的新基调提出,"遵循市场原则和国际通行规则",因此规划大型项目时需要更加考虑项目收益、可持续性等。发挥企业的主体作用,提高资金的使用效率,推动更多国际私有资本参与项目建设。

其三,在项目初期保持舆论的低调,避免东道国过高的期望。丹吉尔穆罕默德六世科技城项目的宏大规划,通过媒体对"10亿美元投资额""10万个工作岗位"的报道在摩洛哥广为人知,使民众具有较高期望。民营企业海特集团的退出令科技城项目一度陷入停滞,影响民众对中国项目的信心。类似的还有媒体曾经热炒的由中国铁建承建的拉巴特塔项目,中国铁建因故退出项目建设,也在一定程度上影响到了中国项目的形象。由于文化差异、营商环境差异,以及实施过程中的具体困难,海外项目的落地很难一帆风顺。项目初期甚至是规划期过于高调的报道容易使东道国产生过高的期望，不利于项目实施过程中的调适和应变。

其四，充分发挥智库在中摩共建"一带一路"中的作用。加强与摩洛哥新南方政策中心、阿玛杜斯研究所等颇具影响力的智库的交流，推动中国与摩洛哥商界和学界的沟通，利用地中海论坛等平台增强对"一带一路"的研讨。

综上，多重身份定位使得摩洛哥在"一带一路"建设中具有天然的桥梁作用，摩洛哥对"非洲国家"属性的回归为中国企业以摩洛哥为入口进入西非和北非提供了便利。"一带一路"倡议与摩洛哥的国家发展战略高度契合，未来应力争在穆罕默德六世科技城和卡萨布兰卡金融城等重大项目合作上实现突破。在大型项目落地过程中，应注重前期的可行性研究并保持国际舆论的低调，创新投融资模式，充分发挥智库作用，加强人文交流。

"一带一路"与中非合作论坛前景与展望[*]

中非命运共同体并不是一日形成的，这既是中非历史友好的诠释，也是新时代携手合作共同发展的描述。从中非合作论坛启动到共建"一带一路"，中非在各自的发展阶段以彼此的发展关切为出发点，分享发展经验，互通有无并提供发展机遇。从合作历史看，中非合作所取得的成效是突出和显著的。着眼未来，中非合作仍面临着外部环境和内部发展挑战，积极应对发展挑战并继续携手深化合作，将会促进中非合作再上新台阶。

（一）"一带一路"携手非洲共同发展成效突出

"一带一路"是新时代中非合作的重要举措，着力打造中非合作的升级版。"一带一路"是新时代中国

---

[*] 本部分作者戚强飞，中国非洲研究院助理研究员。

开展国际合作的重要倡议,旨在通过合作促进合作国家的共同发展。2018年中非合作论坛北京峰会中非一致同意将中非合作论坛作为共建"一带一路"的主要平台,峰会提出的"八大行动"将成为深化中非合作,构建更加紧密的中非命运共同体的重要推手。论坛启动近20年来,中国根据自身情况,拓展对非合作领域,引领国际对非合作。党的十八大以来,中国对非合作不断升级。2013年习近平主席访问非洲强调"中非从来都是命运共同体"以来,中国对非合作提升非洲自主发展能力的举措不断扩大。2014年李克强总理在非盟提出了"六大工程"和"三大网络"建设合作,2015年习近平主席在中非合作论坛约翰内斯堡峰会上提出了深化中非合作的"五大支柱""十大合作计划",2018年中非合作论坛北京峰会习近平主席提出了"八大行动"。"中非合作论坛"为深化和推动更广泛的国家间合作积累了经验,为推动更广泛发展中国家团结合作积累了经验,也成为引领国际对非合作的典范。在中非合作的推动下,2000—2015年,人均GDP增长率从接近0实现了年均3%的增长,非洲已经成为全球增长突出的地区。1993—2015年,非洲的贫困指标持续下降。中非合作方式为非洲发展进步的作用得到世界认同,不仅对非洲千年发展目标的实现做出了巨大的贡献,同时也为非洲改善投资环境,增强自主发展能力注入了持久的动力。

中非"一带一路"合作体现各方通过合作促进共同发展需要。在"一带一路"倡议下，中非之间的合作日渐深入，非洲国家的发展也取得了长足的进步。非洲国家各个层面都对"一带一路"倡议在中非合作中的实施情况充满肯定和期待。非盟期望"一带一路"能够与联合国2030年可持续发展议程和非盟《2063年议程》相对接，并在国家层面与非洲各国发展战略实现对接，认可在"一带一路"框架下推动政策沟通、设施联通、贸易畅通、资金融通、民心相通的合作。非盟方面高度认可"一带一路"对于推动非洲发展、实现非盟发展议程的积极作用。此外，非洲国家政府普遍对"一带一路"合作持积极参与态度。根据中非合作论坛2018年北京峰会《行动计划》，中非共建"一带一路"合作的具体举措已经被纳入行动计划中，进入实质性落实阶段。截至2020年1月底，中国已经同44个非洲国家签署共建"一带一路"合作文件。从政府到智库、媒体，非洲国家和人民对"一带一路"普遍持较为肯定、积极的看法，对"一带一路"合作给非洲国家带来的实实在在的利益表示肯定。中非合作下的"一带一路"倡议不是西方的马歇尔计划，该倡议不是提供援助，而是推动非洲国家主动参与，其远期目标是实现非洲和中国的发展，实现世界的安全与和谐发展。目前西非地区与外部世界的空中通道主要通过欧洲实现,"一带一路"建设可以帮助非洲实现交通基础设施的改善。非洲人应该认真思考如何利用"一带一路"所提供的机会,不可错过这一历史机遇。

"一带一路"注重对非全面产业合作提升非洲自主发展能力。2013 年"一带一路"倡议出台以来,中非之间更是加强了产业合作在战略和政策层面的对接,指引着中非产业合作的发展方向。不断扩大的中国对非产业投融资活动切实地推动了非洲的可持续发展,增强了非洲的"造血"功能。如上文提及,经过数年经营,截至 2018 年底,已形成了一批装备制造、轻工纺织、家用电器、资源深加工等产业集群,开拓了金融、科技、医药等新兴投资领域,极大地提高了当地的工业化水平、产业配套和出口创汇能力,推进了非洲工业化进程。切实推动了非洲经济社会可持续发展。作为经济发展带来的工作机会的增加,中国企业已为非洲造就了大量就业岗位和技能培训机会。除了工业发展,农业也是中非产能合作的重点领域。截至 2018 年底,中国对非洲农业投资存量超过 21.2 亿美元(折合人民币 150 多亿元),农业项目遍布非洲大陆。从多哥、马里"糖联"孕育的甜蜜事业,到马达加斯加、莫桑比克万亩稻田水稻的丰收,从苏丹、马拉维的棉花生产加工，到刚果（金）水稻、棕榈油生态农场，中非农业合作硕果累累。中国对非合作在工业、农业等领域的成就有着多样化的金融支持体系。如前文详细介绍的，中非发展基金、中非产能合作基金、国家开发银行，以及其他商业银行成为连接中国企业和非洲项目之间的重要桥梁，促进了中国企业走进非洲。截至2018年7月底，中非发展基金已经达到100亿美元规模，累计对非洲36个国家92个项目决策投资46亿美元，带动了非洲国家100万人口就业，2016年4月开始运作的中非产能合作基金截至2018年底，涉及或撬动项目总投资额近百亿美元，覆盖非洲十多个国家。国家开发银行已经向非洲43个国家提供投融资500亿美元。

"一带一路"合作提升了非洲的基础设施水平，推动了非洲经济发展，为中非进一步深化合作打下了坚实的基础。"一带一路"倡议提出以来，中非在基础设施建设的合作取得丰富成果。在铁路方面，中国铁路"走出去"步伐不断加快，已经成为推进"一带一路"建设的一张国家名片。由中国企业建设、连接埃塞俄比亚和吉布提两国首都的亚的斯亚贝巴—吉布提铁路（亚吉铁路）于2016年10月5日正式建成通车，该条线路是继坦赞铁路之后，中国在非洲修建的又一条跨国铁路，被誉为"新时期的坦赞铁路"。此外，东起肯尼亚东部港口蒙巴萨，西至首都内罗毕的蒙内铁路于2017年5月31日正式建成通车，是中国帮助肯尼亚修建的一条全线采用中国标准的标轨铁路，是肯尼亚独立以来的最大基础设施建设项目，也是肯尼亚实现2030年国家发展愿景的"旗舰工程"。另外，肯尼亚全长487.5公里的内马铁路项目、安哥拉1344公里的本格拉铁路项目也都已建成通车。在公路桥梁建设领域，中国工程承包企业在非洲各国承接建设了大量"标杆性"路桥建设项目，有效提升了非洲国家道路网络的联通性与便捷性。比如，坦桑尼亚尼雷尔大桥是撒哈拉以南非洲最大的斜拉式跨海大桥。连接尼雷尔大桥的尼雷尔公路也成为坦桑尼亚第一条双向六车道的高等级公路。该项目的完成，也结束了当地几百年来全靠人工摆渡通过库拉希尼海湾的历史，有效缩短了两岸交通线。此外，在西非、北非和南部非洲地区，都有重要的标志性项目。比如，科特迪瓦科马边境公路项目通车、安哥拉120国道第三标段项目、阿尔及利亚南北高速公路北段项目，等等。这些工程的竣工彰显了中国建筑企业卓越的技术水平，这些道路打通了沿线各地与外部的联系，并将该国重要城市连为一体，对于该国改善公路沿线交通状况，带动当地经济的快速发展起到了重要的拉动作用。在民航领域，近十年以来，中非空中交通流量涨幅高达630%，双方每天直飞航班数量由不到1个增长至平均每天超过7个，2019年，中国和非洲之间的年航线数量多达2616个，年运力约为85万人次。中国公司还积极参与埃塞俄比亚、肯尼亚、马里、毛里求斯、莫桑比克、尼日利亚、刚果共和国、多哥、塞拉利昂等多个非洲国家机场建设项目，帮助非洲国家提升民用航空基础设施水平。在电力和通信方面，"一带一路"倡议提出以后，中国在非洲承建了多个重要水电项目，投资、建设、运营了连通非洲各国的"八纵八横"光缆骨干网以及连通中国与非洲的直达光缆。

"一带一路"重视科教文卫领域合作，成效突出。中非之间在健康卫生领域的合作可以追溯到20世纪50年代。随着"一带一路"倡议的提出，在2015年中非合作论坛约翰内斯堡峰会提出的"中非公共卫生合作计划"以及2018年中非论坛北京峰会"中非健康卫生行动"的框架下，中非双方卫生健康合作又取得了一系列重要进展。中非之间已形成对口援助模式的医疗队派遣机制，截至目前，中方已先后向非洲47个国家派遣过医疗队员2.1万人次，救治患者约2.2亿人次，并为非洲培训了数以万计的医护人员。其间，除非因受援国与中国断交或受援国内乱等"不可抗"因素而撤离以外，从未由于自身原因中断援外医疗工作，而且一旦条件允许，受援国需要，便立即复派。在机制化的援助之外，中国还推出多种专项援助行动，如"光明行"、"爱心行"、对口医院援助等。"光明行"使上万名白内障患者重见光明，成为名副其实的"民心工程"与品牌项目。2015年启动的"爱心行"项目，即心脏病手术义诊活动，已在加纳、坦桑尼亚、尼日尔开展，创下了多个"非洲纪录"。在疟疾、血吸虫病、艾滋病、结核等疾病防控领域，中国持续地与非洲进行合作。近年来，非洲地区新发再发传染病和突发公共卫生事件不断出现，中国都是第一时间向有关国家提供紧急医疗救助和公共卫生国际应急援助。2014年西非的埃博拉疫情中，中国向疫区先后提供了五轮总价值约7.5亿元人民币的紧急援助，建设了首个生物安全防护三级实验室（P3实验室），并组织派遣了30余批公共卫生、临床医疗和实验室检测专家组，超过1000人次赴疫情国，开展大规模公共卫生培训，加强当地的疫情防控能力。2016年以来，中国专家分别赴安哥拉、马达加斯加、刚果（金）、乌干达等国，帮助防控黄热病、鼠疫、埃博拉等疫情，有效遏制了各类疫情蔓延。截至2015年，中国已帮助非洲建设了68家医院、30个疟疾治疗中心，为35个非洲国家援助了价值2亿多元人民币的抗疟药物。同时，持续向受援国提供医用耗材、高端医疗设备、移动和固定生物安全实验室、运输车辆等医疗物资援助，每年在非洲健康方面的项目支出约 1.5 亿美元。半个多世纪以来，为非洲各国培训各类医务人员 2 万多人次，其中在华培训 1.6 万人次。

（二）后疫情时代的中非"一带一路"建设

1. 应对疫情凸显中国对非洲公共安全的关注

2020 年席卷全球的新冠肺炎疫情不仅是对中国抗疫能力的一场大考，也是对包括非洲国家在内的世界各国抗疫及国际合作的一场大考。根据非洲疾病预防控制中心 2020 年 5 月 5 日发布的新冠疫情数据显示，非洲地区新冠累计确诊病例数为 47518 例，累计死亡 1862 例。撒哈拉以南非洲累计确诊病例数超过 3 万例，其中疫情最严重的国家为南非，累计确诊病例 7572 例；疫情最严重的地区为西部非洲地区，累计确诊病例接近 1.4 万例。早在 3 月 7 日，中国政府响应世界卫生组织的呼吁，向世卫组织捐款 2000 万美元，用以支持世卫组织开展抗击新冠肺炎疫情的国际合作，派出中国的公共卫生和防疫专家驰援非洲多国，中国政府及中国公司还调配口罩、核酸检测盒等防疫物资运送到非洲国家。马云公益基金会和阿里巴巴公益基金会向非洲每一个国家捐赠 10 万个口罩、1000 件防护服、1000 个防护面罩及 2 万个检测试剂盒，并将与非洲各国医疗机构合作，提供新冠病毒临床治疗网上培训资料，支援非洲防控疫情。中国红十字基金会设立了"抗疫国际人道援助基金"，广泛动员社会力量募集资金和防护物资，驰援受疫情影响较严重的国家。除了提供抗疫物资及资金帮助外，中国对国际抗疫斗争还有更重要的一个贡献就是分享抗疫经验。中国的高效抗疫为世界的抗疫赢得了宝贵的窗口时间，还分享了中国的抗疫诊疗方案。2020年5月18日，中国国家主席习近平在第73届世界卫生大会视频会议开幕式上发表的《团结合作战胜疫情 共同构建人类卫生健康共同体》致辞中更强调要支持非洲公共卫生健康，帮助他们筑牢防线是国际抗疫斗争重中之重。应向非洲国家提供更多物资、技术、人力支持。中国已向50多个非洲国家和非盟交付了大量医疗援助物资，专门派出了5个医疗专家组。目前，常驻非洲的46支中国医疗队正在投入当地的抗疫行动。除此之外，中国将在两年内提供20亿美元国际援助，用于支持受疫情影响的国家特别是发展中国家抗疫斗争以及经济社会恢复发展。中国将同联合国合作，在华设立全球人道主义应急仓库和枢纽，努力确保抗疫物资供应链，并建立运输和清关绿色通道。中国将建立30个中非对口医院合作机制，加快建设非洲疾控中心总部，助力非洲提升疾病防控能力。中国新冠疫苗研发完成并投入使用后，将作为全球公共产品，为实现疫苗在发展中国家的可及性和可担负性做出中国贡献。正如习近平主席所讲："让我们携起手来，共同佑护各国人民生命和健康，共同佑护人类共同的地球家园，共同构建人类卫生健康共同体。"

王毅国务委员在十三届全国人大三次会议的新闻发布会上，就中非关系在疫情中的表现指出，非洲是中国同呼吸、共命运的好兄弟。中非人民在民族解放斗争中就并肩战斗，在共同发展道路上也携手同行，当年在抗击埃博拉疫情的合作中我们更是命运与共。王毅完全赞同非盟委员会主席所说："中非是朋友，更是战友，没有任何事情能够改变或损害中非友好关系。"在中国面临新冠肺炎疫情期间，中非继续患难与共、同心协力。50多位非洲领导人或致电或发表声明，向中国送来慰问和支援。中方已经向非洲五个次区域及周边国家派遣抗疫医疗专家组。遍布非洲45个国家的中国医疗队都积极行动起来，为当地民众提供医疗保障，迄今已开展抗疫培训近400场，为当地数万名医护人员提供了指导。并照顾非洲在华侨民的安全。比如非洲在湖北和武汉的3000多名留学生，除了1个人感染并被很快治愈外，其他所有人都安然无恙。

王毅国务委员强调，我们将继续帮助非洲抗击疫情，把抗疫物资援助尽量向非洲等发展中国家倾斜，并考虑向非洲派遣新一批医疗专家组。还将继续落实中非合作论坛北京峰会制定的健康卫生行动，特别是要加快推进非洲疾控中心建设，提升非洲各国的公共卫生能力。此外，我们还将继续致力于帮助非洲各国增强自主发展能力，妥善安排当前中非重大合作项目，支持受到疫情影响的非洲国家能够尽早复工复产，从而维护非洲经济发展势头。我们还将积极推动落实二十国集团"缓债倡议"，减轻非洲国家债务负担，并将考虑通过双边渠道为特别困难的非洲国家提供进一步的支持，帮助非洲兄弟姐妹渡过难关。

2. 后疫情时代进一步加强中非经济合作应对非洲发展需要

制造业是非洲最需要的产业，制造业对于提振出口、降低逆差、吸引外资、降低负债、增加就业和税收具有显著的效应。部分非洲国家的制造业水平已有显著提升，较前具备了更好的制造业基础和承接能力。投资项目上，向产业园区转移，不仅要新建，同时要加大财政扶持力度。境外园区已经成为中非产能合作的重要载体，承担着助力非洲工业化进程的使命。尤其在当前非洲国家的投资环境和营商环境仍然较差的背景下，要想鼓励更多的中国企业扎根非洲，就需要增设更多的产业园区作为招商引资的平台，隔离和规避当地发展环境中的各种风险因素，保护投资人利益。通过援助非洲抗疫，顺势鼓励医药制造和医疗设备制造的投资，打造"非洲药房"。此次"新冠"大流行又一次冲击着非洲脆弱的医疗卫生基础，同时也表明，非洲医药市场正面临着重大的历史机遇，表现在以下两点：一是非洲整体消费能力迅速提升，医药市场供需矛盾加剧；二是医疗卫生事业受到更多重视，出现产业本土化和监管标准一体化等新动向，医药商业环境日趋成熟。为此，中国政府和医药企业应抓住机遇拓展非洲医药市场。受"新冠病毒"大流行的冲击，非洲经济的抗压能力更加脆弱，经济和社会"停摆"加剧了非洲人民的基本生活保障的危机。在相应援助的基础上，应进一步加大对非农业合作的投入，协同非洲解决粮食安全和农业发展问题。伴随非洲快速增长的人口和极端气候，非洲近年来已经频现粮食危机，非盟发展农业政策也遭遇挑战，需要国际社会的援助。中国对非农业投资存量低的现实与众多非洲国家急需资金发展农业及解决粮食安全的迫切需求极不对称，为此中国政府必须采取措施来逐渐改变中非农业合作中资金供给不足的问题。

3. 采取积极措施，应对后疫情经济冲击下的债务风险

随着全球经济和中国经济放缓，国际大宗商品价格持续下跌，再加上近年来非洲自然条件的恶化，非洲国家的出口和经济增长受到负面冲击。许多非洲国家担心中国会因为经济下行等因素，短期内大规模减少对非投资和信贷，进而触发债务危机。加上西方国家的炒作，中非之间的债务风险成为近年来被激烈讨论的议题。在"新冠病毒"大流行的冲击下，债务问题又成为中非合作中的热点问题。

为有效防范和化解潜在的非洲国家债务风险，中国可以采取以下应对措施。其一，针对一些对中国增加非洲国家债务的不实指责，需要做出反驳，需要强化舆论引导，组织专家学者积极发声，让受众全面、客观、正确地看待这一问题。另外，要通过舆论引导，稳定非洲国家对中国资金的预期；明确表达中国对非洲发展前景的长期信心以及对非洲国家债务问题的关切，确保中非合作的长期可持续。其二，要密切监控非洲国家债务风险。中国已成为非洲国家的最大融资方之一，且肩负有大国责任，无论从中国本身利益角度出发，还是从非洲国家利益角度出发，抑或从国际经济、社会发展的角度出发，都必须密切关注非洲国家债务的可持续性。要密切监控非洲国家的债务风险，构建债务风险预警体系。从债务增速、债务结构、债务相对规模、经济增长动能和国际收支等方面，构建测度非洲国家债务风险的指标体系，及时有效地监控非洲国家债务风险的变化情况并提前预警。其三，要积极开展国际合作，主动与世界银行、国际货币基金组织、非洲开发银行等相关国际和地区多边金融机构合作，联合对非洲国家项目开展融资贷款，增强中国对非洲提供资金的国际认知度和合法性。同时，增加新开发银行、亚洲基础设施投资银行等中国重点参与的国际金融组织对非洲提供资金的规模和比例，适度提高对非洲国家贷款的标准，增强贷款透明度。

4. 中非携手共同应对疫情带来的中非关系"污名化"

在"新冠病毒"大流行发生以前，随着中非共建"一带一路"的推进，涉非国际舆情产生、发展成国际舆论的热点问题之一。前文已指出，涉非国际舆情存在着较大的风险，对我构成了现实的挑战，我们必须高度关注并采取措施积极应对。用事实回应西方媒体的报道，打破西方的"刻板成见"，强调"一带一路"倡议的合作性，为后"新冠病毒"大流行时代的中非深入友好合作，构建中非人民命运共同体，奠定良好的国际舆论基础。

首先，要总结中非合作成效和经验，讲述"一带一路"倡议在非洲的生动故事，发挥正面报道的积极扩散效应。其次，重视国际交流中的中非合作报道，消除污名化和认识偏见。纵观西方媒体对"一带一路"倡议的报道，始终存在着刻板成见，比如"债务陷阱""污染环境""掠夺资源""中国版马歇尔计划""中方借机扩张全球影响力"，等等。其中"中国版马歇尔计划"特别值得关注，因为这是自中国"一带一路"倡议提出之后,西方媒体最爱采用的一种类比。"马歇尔计划"帮助美国成为超级大国,而在西方媒体眼中,中国也寄希望于通过"一带一路"倡议来达到同样的效果。因此,"一带一路"倡议被认为是一个正在崛起的全球大国试图用经济力量来实现其外交政策目标、政治争霸的工具,但中国的"一带一路"倡议与"马歇尔计划"有着本质区别,中国实施"一带一路"的重要理念是结伴不结盟,"一带一路"倡议也不是"马歇尔计划"的中国版。因此,针对诸如上文的刻板成见,中国政府和媒体要积极主动设置议程,公开反驳,积极与各国开展对话,形成良性的国际舆论环境。特别是针对美俄印欧等大国或地区,应避免将倡议战略化和地缘政治化,应主动强调倡议的合作性、开放性、非排他性和互利共赢性,寻求合作的利益契合点和合作面,淡化零和博弈和对抗色彩。只有做好这些增信释疑工作,突出"一带一路"倡议的合作共赢性质,消除相关误读和疑虑,才能为"一带一路"倡议在非洲的发展打造更加有利的国际舆论环境。

正如王毅国务委员所说,中非关系经历风雨,历久弥新。"兄弟同心,其利断金。"我们相信,在中非双方以及国际社会共同努力下,非洲这片年轻的大陆一定能在战胜疫情后实现更好和更快的发展。

参考文献

李立:《非洲经济独立摩洛哥实践》,《中国投资》2019年第24期。

刘长俭:《2018年我国海外港口建设回顾及展望》,《中国港口》2019年第3期。

刘冬:《摩洛哥工业发展战略与中摩产能合作》,《阿拉伯世界研究》2019年第2期。

刘鸿武、姜恒昆主编:《列国志·苏丹》,社会科学文献出版社2008年版。

马新民:《中苏合作:"南南合作"的典范》,《国际商报》2019年4月9日。

孙海泳:《中国参与非洲港口发展:形势分析与风险管控》,《太平洋学报》2018年第10期。

田晓娟:《苏丹经贸文化》,社会科学文献出版社2017年版。

王海:《"雨霁天晴"的摩洛哥:营商环境需要与时俱

进》,《新理财》2019年第4期。

张改萍:《一支"带不走"的中文教师队伍》,《人民日报》(海外版)2018年6月17日。

张雷:《苏丹农业》,中国农业科学技术出版社2018年版。

赵磊:《非洲债务危机,根在美元"剪羊毛"》,《环球时报》2018年7月23日。

甄峰等编著:《非洲港口经济与城市发展》,南京大学出版社2014年版。

智宇琛:《非洲经济发展基本因素研究》,中国社会科学出版社2018年版。

周军:《后巴希尔时期的中国苏丹合作》,《21世纪经济报道》2019年4月22日。

朱伟东:《构筑中非贸易法治保障网》,《中国投资》2018年第22期。

朱伟东:《外国投资者与非洲国家之间的投资争议分析——基于解决投资争端国际中心相关案例的考察》,《西亚非洲》2016年第3期。

朱伟东:《中非产能合作应注意哪些法律问题》,《人民论坛》2018年第5期。

朱伟东、王琼、王婷:《中非双边法制合作》,中国社会科学出版社2019年版。

杨宝荣，男，法学博士。中国社会科学院西亚非洲研究所（中国非洲研究院）经济研究室主任，研究员，长期从事非洲经济发展研究。